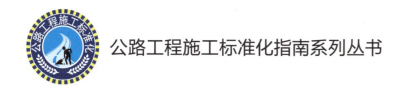

公路工程施工标准化指南系列丛书

广东省公路工程施工标准化指南

第二分册 路基工程

广东省交通运输厅 组织编写

人民交通出版社股份有限公司

北京

内 容 提 要

本指南对广东省公路工程各参建单位路基施工和管理提出相关要求。本指南共分十二章，主要内容包括：总则，管理要求，一般路基，软土地基，特殊路基，路堑高边坡，排水工程，防护与支挡工程，改(扩)建路基，路基整修与交验，路基监测，取(弃)土场及水土保持。

本指南可供广东省交通运输行业主管部门、公路工程项目参建单位和参建人员使用。

图书在版编目(CIP)数据

广东省公路工程施工标准化指南. 第二分册, 路基工程 / 广东省交通运输厅组织编写. — 北京 : 人民交通出版社股份有限公司, 2021.6 (2024.7重印)
ISBN 978-7-114-17051-5

Ⅰ. ①广… Ⅱ. ①广… Ⅲ. ①高速公路—道路施工—标准化管理—广东—指南②高速公路—路基工程—道路施工—标准化管理—广东—指南 Ⅳ. ①U415.1-62 ②U416.104-62

中国版本图书馆 CIP 数据核字(2021)第 020020 号

Guangdong Sheng Gonglu Gongcheng Shigong Biaozhunhua Zhinan　Di-er Fence　Luji Gongcheng

书　　名：	广东省公路工程施工标准化指南　第二分册　路基工程
著 作 者：	广东省交通运输厅
责任编辑：	韩亚楠　郭晓旭
责任校对：	赵媛媛
责任印制：	刘高彤
出版发行：	人民交通出版社股份有限公司
地　　址：	(100011)北京市朝阳区安定门外外馆斜街 3 号
网　　址：	http://www.ccpcl.com.cn
销售电话：	(010)59757973
总 经 销：	人民交通出版社股份有限公司发行部
经　　销：	各地新华书店
印　　刷：	北京印匠彩色印刷有限公司
开　　本：	880×1230　1/16
印　　张：	5.75
字　　数：	112 千
版　　次：	2021 年 6 月　第 1 版
印　　次：	2024 年 7 月　第 4 次印刷
书　　号：	ISBN 978-7-114-17051-5
定　　价：	48.00 元

(有印刷、装订质量问题的图书由本公司负责调换)

《广东省公路工程施工标准化指南》编审委员会

主 任 委 员：黄成造
副主任委员：曹晓峰　职雨风　王　璜
委　　　员：张钱松　鲁昌河　刘永忠　胡利平
　　　　　　梅晓亮　彭伟强　单　云　兰恒水
　　　　　　洪显诚　李卫民　吴玉刚　邱　钰
　　　　　　余国红　乔　翔　成尚锋　代希华
　　　　　　吴传海　李　勇　熊　杰

《第二分册　路基工程》编写委员会

主　　编：代希华
副 主 编：马增琦　谢智敏
编　　写：孙文晋　杨　雷　盛建军　黄志涵
　　　　　王国志　王　琪　蔡建伟　邢培营
　　　　　张志林　侯立波　李宝强　刘　志
　　　　　王　剑　陈云亮　张金洲　张　建
　　　　　张小龙　曹正东　黄　华　杨　军
　　　　　王小漫　高艳辉　张睿麟　罗汉良

前言
FOREWORD

加快推进现代工程建设管理,是公路行业坚持新发展理念,牢牢把握交通"先行官"定位,构建安全、便捷、高效、绿色、经济现代化综合交通体系的生动实践和有力抓手。近年来,广东省交通运输系统进一步转变发展方式,深入贯彻落实《交通强国建设纲要》及公路建设管理"五化"(发展理念人本化、项目管理专业化、工程施工标准化、管理手段信息化、日常管理精细化)要求,全面提升公路工程建设管理水平,有力支撑广东交通高质量跨越式发展。截至2020年底,广东省公路通车里程达22.2万公里,其中高速公路在全国率先突破1万公里。

2010年以来,广东省创新开展公路建设标准化管理的实施活动,组织开展施工标准化工作,形成《广东省公路工程施工标准化指南》(以下简称《指南》),初步构建了公路建设管理的标准化体系,成功建成了港珠澳大桥、南沙大桥、汕昆高速、汕湛高速等一批优质工程。为进一步提高广东省公路建设管理水平,创建"品质工程",广东省交通运输厅组织技术攻关,在全面、系统总结10年来高速公路标准化管理、品质工程创建、绿色公路建设等经验基础上,对《指南》进行了修编。

本次修编的主要特点:一是注重管理和技术相结合,强化参建各方职责,规范建设管理程序,明确施工控制环节的技术和质量要求。二是坚持目标导向和问题导向相结合。针对薄弱环节,提出行之有效的措施,着力解决工程中的质量通病。三是兼顾实用性和先进性。有关管理要求和技术标准既符合实际可执行,又适度超前力求先进。四是注重创新技术在公路行业的推广应用。倡导微创新和新技术、新工艺、新材料、新设备的科学合理应用,提高管理水平、工程品质和工作效能。

修编后《指南》共分八个分册,包括综合管理及工地建设、路基工程、路面工程、桥涵工程、隧道工程、交通安全设施工程、机电工程、公路房建工程,其中公路房建工程分册另行印发。修编以国家及行业现行法律法规、标准规范为依据,全面总结广东省高速公路标准化管理、品质工程、绿色公路建设经验,对标准化施工的方方面面进行了明确、细致规定,可作为参建单位日常工作的行动指南。

本书为《指南》第二分册,从一般规定、管理要点等方面对路基施工和管理提出具体要求。路基施工应严格控制路基压实度、宽度、厚度、纵横度、平整度的指标;强化桥涵台背回填、软土地基处理、高边坡等施工过程控制管理,实行动态设计、施工、监测,力争消除路基施工质量通病。

《指南》修编过程中,得到了广东省交通集团有限公司、佛山市交通运输局、广东省南粤交通投资建设有限公司、广东省公路建设有限公司、广东华路交通科技有限公司、广东省路桥建设发展有限公司、广东省高速公路有限公司、广东交通实业投资有限公司、佛山市路桥建设有限公司等单位的大力支持。广东省南粤交通龙怀高速公路管理中心龙连管理处、广东云茂高速公路有限公司、广东惠清高速公路有限公司、广东潮惠高速公路有限公司、广东新粤交通投资有限公司、广东路路通有限公司、众为工程咨询有限公司、广东省高速公路有限公司开阳扩建管理处等共同参与了《指南》的修编工作。在此一并表示感谢。

《指南》可供全省交通运输主管部门、公路工程项目参建单位和参建人员使用,使用过程中发现的问题和意见建议,请反馈至广东省交通运输厅基建管理处(地址:广州市越秀区白云路27号,邮政编码:510101)。

编 者

2021 年 4 月

Contents | 目录

| 1 | 总则 | 1 |

| 2 | 管理要求 | 2 |

    2.1 一般规定 …………………………………………………………………… 2
    2.2 技术管理 …………………………………………………………………… 4
    2.3 人员管理 …………………………………………………………………… 5
    2.4 设备管理 …………………………………………………………………… 5
    2.5 材料管理 …………………………………………………………………… 5
    2.6 信息化管理 ………………………………………………………………… 6
    2.7 生态环保管理 ……………………………………………………………… 6

| 3 | 一般路基 | 7 |

    3.1 一般规定 …………………………………………………………………… 7
    3.2 挖方路基 …………………………………………………………………… 8
    3.3 填方路基 …………………………………………………………………… 9
    3.4 填挖交界处理 ……………………………………………………………… 13
    3.5 低填浅挖 …………………………………………………………………… 14
    3.6 结构物台背回填 …………………………………………………………… 14
    3.7 泡沫轻质土路堤 …………………………………………………………… 15

| 4 | 软土地基 | 17 |

    4.1 一般规定 …………………………………………………………………… 17
    4.2 抛石挤淤 …………………………………………………………………… 18

4.3 挖除换填 ·· 18
4.4 塑料排水板 ·· 18
4.5 袋装砂井 ·· 19
4.6 粒料桩 ·· 19
4.7 水泥搅拌桩 ·· 20
4.8 CFG 桩 ··· 21
4.9 素混凝土桩 ·· 23
4.10 管桩 ·· 23
4.11 真空预压与真空堆载联合预压 ·· 25
4.12 就地固化 ·· 25

5 特殊路基　26

5.1 一般规定 ·· 26
5.2 高液限土路基 ·· 26
5.3 煤系土路基 ·· 27
5.4 岩溶地区路基 ·· 28

6 路堑高边坡　30

6.1 一般规定 ·· 30
6.2 边坡施工过程管理 ·· 31
6.3 边坡安全风险管控和动态监测 ·· 33

7 排水工程　34

7.1 一般规定 ·· 34
7.2 临时排水 ·· 34
7.3 地表排水 ·· 35
7.4 地下排水 ·· 36

8 防护与支挡工程　37

8.1 一般规定 ·· 37
8.2 植物防护 ·· 38
8.3 圬工护面 ·· 40
8.4 圬工挡墙 ·· 41
8.5 锚固工程 ·· 43

8.6　抗滑桩 …… 45
8.7　柔性防护网系统 …… 47

9　改(扩)建路基　49

9.1　一般规定 …… 49
9.2　场地清理 …… 50
9.3　软土地基 …… 50
9.4　路基拼接 …… 50
9.5　轻质土路堤 …… 51
9.6　路堑高边坡 …… 52
9.7　排水工程 …… 52

10　路基整修与交验　53

10.1　一般规定 …… 53
10.2　路基整修 …… 54
10.3　路基整体交验 …… 54

11　路基监测　55

11.1　一般规定 …… 55
11.2　软土路基监测 …… 56
11.3　高路堤监测 …… 56
11.4　路堑边坡监测 …… 56
11.5　边坡自动化监测 …… 57

12　取(弃)土场及水土保持　59

12.1　一般规定 …… 59
12.2　取土场 …… 60
12.3　弃土场 …… 61
12.4　水土保持 …… 62

附录A　四新技术　65

A.1　无人机土石方测量施工工艺 …… 65
A.2　自动化监测 …… 66

- A.3 智能碾压设备 ··· 66
- A.4 台背抽芯 ··· 66
- A.5 "爬山虎"物料运输机 ·· 68
- A.6 边坡刻槽机 ··· 68

附录B 质量通病及防治　　69

- B.1 路基压实度不足 ··· 69
- B.2 路堤边坡滑塌 ·· 70
- B.3 路堑边坡滑塌 ·· 71
- B.4 高填方路基沉降 ··· 72
- B.5 路基开裂 ··· 73
- B.6 台背跳车 ··· 74
- B.7 路基亏坡 ··· 75
- B.8 路基及边坡水毁 ··· 75
- B.9 附属及防护工程尺寸不合格 ··· 76
- B.10 排水及防护工程开裂 ·· 77
- B.11 锥坡开裂及失稳 ·· 77
- B.12 锚固防护失效 ··· 78
- B.13 路基监测数据失真 ··· 78
- B.14 高液限土成型路基碾压破坏 ··· 79

1 总　则

1.0.1　为全面推进现代工程管理,打造公路工程"平安百年品质工程",规范公路建设管理,提升工厂化、集约化、信息化、智能化的施工水平,保护生态环境,提升项目管理水平,结合广东省公路建设实际情况,编制本指南。

1.0.2　本指南主要依据国家、交通运输部、广东省等颁布的相关标准、规范、规程、指南、文件及行业内成熟先进施工经验和管理经验编制。依据文件如有更新,以最新文件为准。

1.0.3　本指南适用于广东省新建和改(扩)建的高速公路、一级公路及建安费10亿元以上的二级公路,其他项目可参考使用。

1.0.4　本指南立足高质量发展理念,兼顾管理和技术要求,凝聚公路建设标准化成果和行业内成熟的工艺、工法以及先进的技术、管理经验,兼顾指导性和灵活性。

1.0.5　公路工程路基施工应遵循安全优质、以人为本、生态环保、资源节约的原则,并符合以下规定:

1　坚持创新驱动,大力推广"四新技术"应用,淘汰落后的工艺工法。

2　坚持节能环保,积极使用节能环保技术、环保材料和清洁能源,实现节能减排,保护生态环境。

3　大力推进智慧公路、绿色公路建设,促进信息技术与项目管理多系统融合,实现项目全寿命周期智能化管理。

4　临时用地、用林、用海应合法合规,工程完工后应按规定进行恢复,并验收合格。

2 管理要求

2.1 一般规定

2.1.1 施工单位做好现场调查后,应根据设计要求和现场实际情况编制实施性施工组织设计,按规定进行报批;建立健全安全、质量、环水保管理体系,做好项目场地规划、"三通一平"、驻地建设等工作。

2.1.2 施工单位进场后,建设单位应组织施工单位、监理单位、设计单位和地方政府对沿线的管线、结构物和改路改沟等进行复核调查,根据复核结果完善相关方案。

2.1.3 施工单位应对设计单位提交的导线起终点、水准点与国家大地点(三角点、导线点)进行联测;监理单位应对联测成果进行复核;建设单位应组织设计、施工、监理等单位定期对相邻设计及监理合同段进行联测与复核。

2.1.4 施工单位应逐桩施测横断面,断面布置数量及横向测点应与设计对应,施测宽度应满足路基及排水设施的需要;对于地形起伏大的段落,可采用无人机进行测量,可参见本指南附录 A.1 的有关规定。

2.1.5 分项工程开工前,工程所需的材料、机械设备、人员应到位;施工方案和开工报告应按规定完成批复,首件工程或试验段施工应符合国家和行业现行有关标准的规定,并完成总结。

2.1.6 施工过程中,施工原始记录应与工序同步,工程现场验收应与施工资料签认同步。

2.1.7 隐蔽工程、软土地基处理、高边坡等关键分项工程监理应执行工序验收制,并留存影像资料。

2.1.8 路基施工应做好临时排水总体设计和施工,临时排水应与永久性排水设施相结合,与自然排水系统相协调。

2.1.9 施工单位进场后,应对软土路基红线两侧 30m 范围内的地形地貌进行现场核查,发现地质情况与设计不符时,应及时通知监理单位、设计单位、建设单位到场复核确认。

2.1.10 施工单位不得盲目进行路堑边坡施工。边坡开挖前,施工单位应进行详细的地质核查,发现地质情况与设计不符或原设计不合理时,应及时通知监理单位、设计单位、建设单位代表到场确认变更,实行动态设计,动态施工;边坡施工应开挖一级、防护一级;绿化工程应做到"三同步":与路基工程同步准备,与路基边坡防护工程同步实施,与路基工程同步完成。

2.1.11 取(弃)土场位置发生变更,施工单位应及时修改方案并按相关规定办理手续,严格按方案施工;交工验收前,建设单位应组织成立由建设单位、监理单位、设计单位、施工单位组成的弃土场验收小组,对已施工完毕的弃土场进行验收。

2.1.12 施工单位应根据地质勘探结果合理安排土石方的使用,应分类开挖、分类使用路基填料,宜预留优质土用于上路堤及路床填筑。

2.1.13 施工单位应根据岩石的类别、风化程度及节理发育程度等情况,确定石方开挖方法;靠近边坡部位的硬质岩不得采用大爆破,应采用光面爆破或预裂爆破,如图 2.1.13 所示;软弱松散岩质路堑,宜采用分层开挖、分层防护和坡脚预加固技术。

图 2.1.13 边坡光面爆破效果

2.1.14 变形监测应与路堑开挖及防护、软土地基处理、高路堤填筑等施工同步进行,做好施工期间变形监测工作,根据监测数据控制施工速度;建设单位应委托有资质的第三方监测单位对重点路段的高边坡、高路堤、软土地基等进行监测。

2.1.15 软土地基处理、高填方路堤、高填方路基涵洞、桥台段路基应优先安排施工,尽早完成。

2.1.16 路基边坡抗滑桩采用人工挖孔施工工艺时,施工单位应编制专项施工方案。监理单位应对人工挖孔桩现场实施条件、专项方案审批程序、安全防护要求和现场安全管控流程进行严格把关。

2.1.17 在充分调研比选的基础上,可采用土体改良办法提高路基强度,如采用水泥及石灰等材料进行土质改良、移动破碎设备等进行泥结碎石施工。

2.1.18 建设单位应与地方政府对被交路的排水、交通安全标志、照明、三改工程等进行充分协商。施工应在交工验收前完成,监理单位应在交工验收前进行验收。

2.2 技术管理

2.2.1 以下分项工程应编制专项施工方案：

1 开挖深度不小于3m的基坑(槽)开挖、支护、降水工程;深度虽小于3m但地质条件和周边环境复杂的基坑(槽)开挖、支护和降水工程。

2 滑坡处理。

3 边坡高度大于20m的路堤、地面斜坡坡率陡于1∶2.5的路堤、不良地质地段、特殊岩土地段的路堤;土质挖方边坡高度大于20m、岩质挖方边坡高度大于30m、不良地质、特殊岩土地段的挖方边坡。

4 桩基础、挡土墙基础、深井等深水基坑。

5 爆破工程。

6 上述范围以外的重大风险(危险)源风险等级为三级以上的分部分项工程。

7 超过一定规模的危险性较大工程,应参考现行《广东省高速公路工程施工安全标准化指南》组织专家论证、审查。

2.2.2 专项施工方案的申报和审查应符合下列要求：

1 专项施工方案应由施工单位总工程师组织本合同段技术、质量、安全、设备物资等部门进行内审。

2 对超过一定规模的危险性较大工程专项施工方案,施工单位编制完成后应委托具有设计资质的单位进行复核,通过后应组织专家论证审查,专家组应提交论证审查报告。专项施工方案经论证审查需做重大修改的,施工单位应按照论证报告进行修改,并重新组织专家进行论证、复查。

3 专项施工方案内审合格或按照论证审查报告完善后,应报施工企业技术负责人审核签字同意后报监理单位进行审批,总监理工程师审核签字同意后方可实施。

2.2.3 施工方案动态管理应符合下列要求：

1 施工单位应严格按照施工方案组织施工,不得擅自修改、调整施工方案。因设计、结构、外部环境等因素发生变化需修改的,修改后的施工方案应重新按审核程序办理。

2 监理单位应复核现场施工方案与已批复的施工方案是否一致,如发现未按批复方案施工,应及时下发监理指令并上报建设单位。

2.2.4 首件验收制度应遵循下列原则：

1 监理单位应对路基填筑、软土地基处理、台背填筑、冲击碾压、填挖交界路基、改(扩)建拼宽路基、支挡工程、锚杆(索)防护等按现行相关标准和规范执行首件验收制度。

2 首件验收通过后方可大规模施工。

2.2.5 隐蔽工程旁站制度应遵循下列原则：

1　施工员应对隐蔽工程全过程旁站,并留存影像资料;监理人员应对路基施工首件及试验段进行全过程旁站,按计划定期或不定期巡视施工现场,对施工的主要工程每天不少于1次,并填写巡视记录;建设单位应进行不定期抽查。

　　2　隐蔽工程应包括下列内容：

　　1)软土地基处理的挖除换填、塑料排水板、袋装砂井、粒料桩、水泥搅拌桩、水泥粉煤灰碎石桩(CFG)、素混凝土桩、管桩、土工格栅等施工。

　　2)边坡防护的锚杆、锚索的安装、锚固、注浆、张拉等施工。

　　2.2.6　关键工序管理应符合下列要求：

　　1　项目开工前,建设单位应根据项目建设情况组织相关参建单位研究确定关键工序具体内容。

　　2　施工单位应提前将本合同段全天施工点通知监理单位,关键工序应经监理单位验收,合格后方可进行下一道工序的施工。

　　3　施工单位应制作工序验收牌,工序验收牌应写明里程、部位、日期、施工员、监理员等信息;监理工序验收应留下影像资料,资料应能反映监理在场;建设单位随机抽查。

2.3　人员管理

　　2.3.1　建设单位应建立施工单位、监理单位、检测单位主要人员档案,对施工单位、监理单位、检测单位主要人员进行考核,考核合格后方能上岗。

　　2.3.2　监理单位、检测单位应定期对施工单位技术人员进行施工标准化管理的考核。

　　2.3.3　施工单位应组建精干、高效的施工组织机构,配备充足的施工管理人员。

　　2.3.4　施工单位应对施工人员进行实名制登记管理,上岗前应进行岗前培训和技术、安全交底。

2.4　设备管理

　　2.4.1　施工单位应按合同文件配备足够数量的机械设备,并视现场实际情况增加设备投入,保证设备完好和现场施工需要。

　　2.4.2　重要设备应实行准入制管理,施工单位、监理单位应建立设备进出场台账。

2.5　材料管理

　　2.5.1　监理单位应组织相关参建单位对施工中涉及的工程材料进行调查,并建立材料管理制度,对材料进行分级管理,完善原材料审批程序。应加强对土工格栅、土工布、透水管、塑料排水板等用量较大的土工材料的管理。

2.5.2 监理单位应加强原材料的抽检管理,落实抽检频率,做到先检后用、合格方用。对土工材料、压浆料、预应力件等材料在使用过程中应随机抽检。

2.5.3 建设单位、施工单位应参考省交通运输厅近年来所公布的企业信用评价择优选择材料供应商,对材料供应商实行黑名单制。

2.5.4 施工单位应建立工程材料管理台账,记录材料生产厂家、生产日期、进场日期、数量、规格、批号及使用部位等信息。

2.5.5 材料应严格按照标准化管理要求入库存放,不得露天暴晒、泡水、污染等。

2.6 信息化管理

2.6.1 施工单位宜使用多媒体培训箱等先进的电子化信息设备对现场施工人员进行培训。

2.6.2 地形复杂的路段可使用无人机进行测量,实现土方精准调配。

2.6.3 隐蔽工程、关键工序等应实行影像制,可使用移动(手持)式监控设备。

2.6.4 路基碾压可使用基于物联网技术的智能压实设备,设备具备定位系统、可连续记录行走轨迹等功能。

2.6.5 安全风险较大的边坡、特殊土质路堤的高边坡及改(扩)建原有路堤等宜使用自动化监测系统,可参见本指南附录 A.2 的相关规定。

2.6.6 测量设备等宜使用基于物联网的可自动生成记录表的智能传输技术。

2.7 生态环保管理

2.7.1 路基用地范围内的树木、灌丛林等,应在清表前砍伐或移植;砍伐的树木应统一堆放,并妥善处理;对红线范围内原生树木进行统一规划,统一移植,合理调配至项目生活区、服务区、互通区、隧道洞口等位置。

2.7.2 路基用地范围内的垃圾、有机物残渣及农作物根系,应予以清除;原地表以下至少 30cm 的草皮、表土应予以清除,可集中堆放,以供土地复耕和绿化使用。

2.7.3 城镇路段范围内的路基施工,应严格按照属地扬尘治理要求做好相应管控措施。

2.7.4 应调查当地土地资源情况,结合土地利用规划和当地基本农田情况,严格控制施工营地等临时工程用地规模,注意避绕基本农田保护区和主要经济作物区,保护土地资源。

2.7.5 路基施工废水不得污染沿线水体。公路穿越湿地保护区时,不得阻断湿地原地表水系。

3 一般路基

3.1 一般规定

3.1.1 不得使用含草皮、生活垃圾、树根和腐朽物质的土;不得采用有害物质超标的工业废渣作为路基填料;淤泥、强膨胀土、有机质土及易溶盐超过允许含量的土,不得直接用于路堤填筑,需要使用时,应采取措施处理,经检验满足要求后,方可使用。粉质土不宜直接用于填筑二级及二级以上公路的路床。砂性土作为路基填料时宜设置包边土。

3.1.2 路堤填筑前,施工单位应选择具有代表性的路段对不同的压实区段、填筑材料做路基试验段;路堑边坡开挖前,选取有代表性的土质和石质边坡分别进行首件施工。试验段及首件施工由监理单位组织,建设单位及相关单位参加,过程中应明确管理程序、质量标准,验收合格后方可大规模施工。

3.1.3 路基基底处理完成后,经施工单位、监理单位、检测单位、建设单位四方代表共同验收通过后,施工单位方可进行后续填土施工。

3.1.4 施工单位应配置与施工面积相匹配的推土机、平地机、压实机具、检测小钢钎、画格(线)小推车、坡度尺等工具进行路基填筑施工;高填方应使用重型碾压设备,碾压设备宜配置定位系统,行走记录可以储存、打印,可参见本指南附录 A.3 的有关规定。

3.1.5 路基填筑应采用画格上土,挂线施工,如图 3.1.5 所示;推平、碾压等各道工序应连续进行,雨前应及时碾压已填土层,并形成路拱。

3.1.6 装配式涵洞有施工周期短、实体质量好、施工安全性高等优点,如图 3.1.6 所示。建设单位及设计单位可根据项目地形条件、运输条件、涵洞规模等情况,充分考虑不同施工方式的差异性确定合理单价,将装配式涵洞与现浇涵洞进行综合比选分析后,选择适宜的涵洞施工方式。

图3.1.5　画格上土　　　　　　　　　　　图3.1.6　装配式涵洞

3.1.7 施工单位应合理规划路基填筑与涵洞施工顺序,可考虑先行将涵洞、通道桥等位置与路基整体填筑并预埋临时过水管涵,路基成型后采用反开挖方式半幅交替进行涵洞、通道桥等施工,建设单位应充分考虑由此造成的造价增加。

3.1.8 应重视地表水和地下水的处理。地表水以及可能发生的雨水径流应预先做好排水沟及出水口,如不能在填筑前做好的小桥涵,则应做好临时管涵或盲沟,在边坡坡脚处做好临时排水沟及防护。

3.1.9 路基红线内便道填筑材料随路基填筑应及时挖除,便道口收坡前应严格挖台阶、分层填筑,并报监理验收,宜使用液压强夯设备进行补强。施工单位在施工过程中应建立施工台账,监理单位留存工序验收影像资料。

3.1.10 路基主体完工后,宜留半年以上的工后沉降期;若工期紧时,可采取等超载预压等措施,确保路基沉降符合设计要求。

3.1.11 等超载预压路段,应适当提高路床顶面高程及路基宽度,确保沉降稳定后路基宽度及设计高程范围内路堤的压实度满足设计要求。

3.2　挖方路基

3.2.1　土质路堑

1　边坡施工应重视地质核查工作,进行动态设计、动态施工。开挖前,施工单位应对整个开挖坡面外推10～50m的范围进行详细的地质调查,调查的主要内容包括冲沟、不良地质、水文等情况,掌握水流集中的方向和其他异常情况;边坡开口线应经监理工程师复核确认同意后,方可开挖;当边坡开挖揭露的土质、地下水等情况与设计地质资料不符时,应及时通知监理单位、设计单位、建设单位代表到场确认。

2　截水沟或临时沟应在路堑开挖前完成,截水沟至边坡开口线范围内的植被不宜破坏;在边坡逐级开挖过程中,应及时完成坡面排水系统。

3　路堑挖方应采用横向台阶分层方式施工,深挖路堑采用"横向分层、纵向分段、阶梯掘进"的方式施工;施工单位应合理安排运土通道与掘进工作面的路线及施工次序,做到运土、排水、挖掘、防护互不干扰。

4　**坡面开挖时,应留不少于 30cm 土用于修坡**,预留的厚度应保证设计边坡线外的土层不受扰动;应采用坡度测量仪器对开挖坡面坡率进行复核,坡面应平顺、曲线圆滑、不欠挖、不超挖。超挖后,应严格按相关规范及设计要求的材料和工艺进行回填处理。

5　边坡施工应边开挖边加固,即开挖一级,防护一级,不得一次开挖到底;坡体开挖应与边坡变形监测同步进行,做好施工期间坡体变形监测工作。

6　对尚未完成防护的边坡,雨天应对坡面进行遮盖,并设置临时急流槽,防止水流对边坡侵蚀和掏空。

7　路床施工前,应先开挖两侧排水边沟(纵向坡度不小于1%),及时将雨水排出路基外,防止雨水集积危害路床。在渗水量大的部位,应有针对性地设置仰斜式排水孔,并在边沟底设置渗沟。

8　护坡道、碎落台应按设计要求施工并及时封闭,同时做好防渗处理。

9　开挖至路床部位时,应尽快进行路床施工;如不能及时进行,应在路床顶面以上预留至少30cm厚的保护层,待路床施工前挖除。

10　对于局部变形较大且按现有资料无法分析出变形原因的边坡,应增加深层监测孔;对整体变形较大的边坡,应立即停止施工并制订专项调查方案。

11　施工单位、监理单位、建设单位应建立边坡施工过程管控的工作机制,编制高边坡及重点边坡的动态管理台账,将边坡开挖、防护的过程管理纳入项目日常和月度检查内容,实行表格化管理。

3.2.2　石质路堑

1　不得采用硐室爆破,靠近边坡部位的硬质岩应采用光面爆破、预裂爆破、静态爆破等。

2　每下挖2～3m边坡,施工单位应对边坡进行刷坡;对软质岩石边坡可采用人工或机械清刷;对坚石和次坚石,宜使用炮眼法、裸露药包法爆破清刷边坡,清刷后的石质路堑边坡,上边坡不得有松石,边坡边线应直顺,曲线圆滑。

3　爆破完毕后,施工单位应组织人员和机械进行爆破石方的清运,测量路床高程,高出路床设计高程的应进行铲除;低于路床高程的应采用级配碎石填筑,碾压达到规定的压实度。

4　采用光面爆破或预裂爆破开挖的石质路堑边坡,竖孔炮眼残留率不低于85%,中硬质岩石边坡不平整处不应超过±15cm,软质岩石边坡不平整处不应超过±10cm;施工过程中,施工、监理应用坡度尺检测每处边坡的坡率。

3.3　填方路基

3.3.1　土质路堤

1　施工测量放样后,施工单位可用白灰等标识好设计边线。

2　路基两侧临时排水系统完成后,方可进行路基填筑。

3 施工单位应严格控制填料的含水率,含水率应控制在最佳含水率的±2%内;监理单位、检测单位按施工单位自检频率的20%随机抽检填料含水率,建设单位不定期进行抽查。

4 路堤两侧填土应超宽填筑50cm,压实宽度不得小于设计宽度,以确保修整路基边坡后的路基边缘有足够的压实度;设计边线和超宽50cm边线应撒白灰标识。

5 填方路基应分层填筑,填筑厚度不得大于试验段总结批复的厚度,平纵坡应符合要求,不得出现积水现象;若原地面不平,应由最低处分层填起。

6 填料中超粒径石块应清除;同一层路基应采用同种填料全幅填筑,不得混填;每种填料层累计连续总厚不得小于50cm。

7 施工单位碾压前应对已推平土层的松铺厚度、平整度进行检查,监理工程师验收合格后方可碾压;碾压时直线段路基采用两边向中间碾压的方法施工,曲线段由内侧往外侧碾压;碾压应均匀、无漏压、无死角。

8 上料区、摊铺区、碾压区、检测区应按要求设置标识牌,路基施工作业区应配置工序报检标识牌,注明施工段桩号、层次、高程、压实度、宽度、技术员及监理等信息。

9 每填筑2m高,边坡应进行刷坡整修,宜采用专用补压设备对坡面进行补压,如图3.3.1-1所示。刷坡前,施工单位应准确测量放好边线桩位,打桩并撒灰线;路基宽度、中线偏位应经监理单位验收,合格后施工单位方可进行刷坡修整,坡率用坡度尺控制,如图3.3.1-2所示。

图3.3.1-1 坡面补压

图3.3.1-2 坡度尺控制坡率

10 路基填筑应按要求做好临时排水设施,包括路拱横坡、拦水埂、临时急流槽等,损坏后应及时修复,如图3.3.1-3所示。

11 高路堤宜每填筑2m冲击补压一次,或每填筑4~6m强夯补压一次,如图3.3.1-4所示。路堤应超宽填筑,当地形或征地受限无法加宽时,可采用振动压路机对路堤边缘2~3m加大压实遍数。

12 雨季施工时应及时了解当地天气变化情况,合理组织土方施工。

13 填方路堤分段施工时,在两段交界处先填段应按1∶1坡度分层填筑、碾压到边、逐层收坡,待后填段填筑到位时再把交界面挖成2m宽的台阶;当两段同时施工时,应交替搭接,搭接长度不小于2m。

图 3.3.1-3　路基临时拦水埂　　　　　图 3.3.1-4　冲击碾压

14　施工单位应建立每层填土的施工、检测台账,监理单位应留存工序验收影像资料。

15　施工过程中,监理工程师应用带刻度的小钢钎检测松铺厚度;每填筑2m或每填筑7d,监理单位应至少检测一次路基宽度、中线偏位、横坡、边坡坡率、平整度等。

16　路基填筑过程中,施工单位每层检测验收应通知监理单位,监理单位通知检测单位,检测单位按施工单位自检频率的20%随机抽检层厚及压实度;检测不合格时,施工单位应进行返工处理;建设单位宜每月检查一次各参建单位施工检测台账、影像资料。

17　施工单位、监测单位应按相关要求进行沉降监测点的布置,对软基路段、高填方路段进行沉降观测,及时提交监测资料;施工单位应采用保护架对沉降监测点进行保护,宜采用小型夯实机具对监测点周围土进行夯实,如图3.3.1-5所示;施工单位应根据监测结果控制填筑速率。

a)沉降观测点夯实　　　　　　　　　b)沉降观测点保护

图 3.3.1-5　沉降观测点

18　采用薄层轮加法填筑路基过程中接到失稳报警后应立即停止施工,接到监理单位书面解除报警文件后,方可恢复施工。

19　路基填筑过程中应计算总沉降量,根据总沉降量控制路基填筑宽度和填土压实度,避免路基交验宽度不足或路基顶部压实度不足。

20　路基出现亏坡现象,应根据亏坡面积采取挖台阶夯填、圬工回填等方式处治。

21　路基填筑到设计高程后,监理单位应组织相关单位进行联测,验收路基高程、宽度等。

3.3.2 石质路堤

1 硬质岩石、中硬岩石可用于路堤和路床填筑;软质岩石可用于路堤填筑,不得用于路床填筑;膨胀岩石、易溶性岩石和盐化岩石不得用于路基填筑。

2 路堤填料粒径应不大于500mm,宜不超过层厚的2/3。路床底面以下400mm范围内,填料最大粒径不得大于150mm,其中小于5mm的细料含量应不小于30%。

3 填石路堤顶面与细粒土填土层之间应填筑过渡层,或铺设无纺土工布隔离层。

4 岩性相差较大的填料,特别是岩石强度相差较大时,应将不同岩性的填料分层、分段填筑,不得混填。

5 填石路堤逐层填筑时,应安排好石料运输路线,专人指挥,水平分层,先低后高,先两侧后中间上料,使用大功率推土机摊平,个别不平处应用细石块、石屑找平。

6 当石块级配较差、料径较大、填层较厚、石块间空隙较大时,应在填石空隙内灌入石渣、石屑、粗砂,使空隙填满,并敲掉锐角突出部分,保持顶面平整。

7 人工铺填石料时,应先铺填大块石料,大面向下,小面向上,摆平放稳,再用小石块找平,石屑塞缝,最后压实。

8 填石路堤应配备大功率重型压实机具,压路机质量不小于26t。

9 对大于12m的高填方石质路基,应采用冲击式压路机进行冲击补强,应每填高2m冲碾一次。

10 填石路堤填筑宽度,每侧应至少超宽填筑50cm。中硬、坚硬石料的路堤应进行边坡码砌,边坡码砌石料强度不得低于30MPa,最小边尺寸应大于30cm,块形规则。对于填高小于5m的填石路堤,边坡码砌厚度应不小于1m;填高5~12m的填石路堤,边坡码砌厚度应不小于1.5m;填高大于12m的填石路堤,边坡码砌厚度应不小于2m。边坡码砌与路基填筑应同步进行。

11 填石路堤成型后,表面应无明显孔洞,大粒径石料不松动;边坡码砌紧贴、密实,砌块间承接面向内倾斜,坡面平顺。

12 施工过程中,每一压实层应采用试验段确定的工艺流程、工艺参数控制,压实质量可采用沉降差指标进行检测。

13 施工过程中,每填筑3m施工单位应检测路线中线和宽度,监理单位应进行抽查复核。

3.3.3 土石路堤

1 膨胀岩石、易溶性岩石等不宜直接用于路基填筑,崩解性岩石和盐化岩石等不得用于路基填筑。

2 天然土石混合填料中,中硬、硬质石料的最大粒径不得大于压实层厚的2/3;石料为强风化石料或软质石料时,石料最大粒径不得大于压实层厚。

3 应分层填筑压实,不得倾填,压实机械宜选用自重不小于26t的振动压路机。

4 应使大粒径石料均匀分散在填料中,石料间孔隙应填充小粒径石料和土。路基表面无明显孔洞,大粒径填石应不松动。

5 土石混合料来自不同料场,其岩性或土石比例相差大时,宜分层或分段填筑。

6 填料由土石混合材料变化为其他填料时,土石混合材料最后一层的压实厚度应小于300mm,该层填料最大粒径宜小于150mm,压实后表面应无孔洞。

7 中硬、硬质石料填筑土石路堤时,宜进行边坡码砌,码砌与路堤填筑宜同步进行,软质石料土石路堤的边坡按土质路堤边坡处理。中硬、硬质石料土石路基边坡应码砌紧贴、密实无松动,砌块间承接面应向内倾斜,坡面平顺。

8 采用强夯、冲击压路机进行补压时,应避免对附近构造物造成影响。

9 中硬及硬质岩石的土石路堤填筑施工,应采用试验段确定的工艺流程、工艺参数,压实质量可采用沉降差指标进行检测。

10 施工过程中每填筑3m,施工单位应检测路线中线和宽度,监理单位应进行抽查复核。

3.4 填挖交界处理

3.4.1 施工前施工单位应详细核查半挖基底和坡面是否有渗水、坑穴、水沟、淤泥等,与设计不符时,应及时通知监理单位、设计单位、建设单位代表到场确认。

3.4.2 填挖交界路基应从填方坡脚向上挖台阶,台阶高度不宜大于1m,宽度不宜小于1m,并设置向内侧倾斜2%~4%的坡度,路床顶面衔接长度不宜小于5m,如图3.4.2所示。

3.4.3 应从最低点处的台阶开始分层填筑,台阶应和对应的填筑层同时碾压;填、挖交界拼接处的碾压应做到密实、无拼痕。

3.4.4 在台阶接合部位应增加横向碾压,防止台阶局部存在碾压空白区。

3.4.5 填挖交界路段下填断面的原地面处理应经监理工程师验收合格后,方可开挖上挖方断面;废弃的非适用材料不得用于半填断面内。

3.4.6 填、挖交界处填筑(或深坑回填)时,应铺设土工格栅,土工格栅搭接长度不小于30cm,向两侧位置延伸宜不小于10m,交界处两侧不小于5m范围内压实度可适当提高。

3.4.7 铺设土工格栅时,应拉直,平顺紧贴下承层,不得出现扭曲、折皱、重叠,如图3.4.7所示。

图3.4.2 台阶开挖

图3.4.7 格栅横向铺设

3.4.8 铺设土工格栅时,应将强度高的方向垂直于填挖交界的轴线方向布置;两幅土工格栅之间的联结应牢固,铺好后应及时填筑上层填料,填土时不可移动土工格栅,在土工格栅上填筑上层填料时宜采用倒卸法,运料车及其他施工机械不得在土工格栅上直接碾压。已铺设好的土工格栅宜在当日覆盖。

3.4.9 填挖交界段施工时,监理工程师应对台阶宽度、内倾坡度、填挖交界面的表土清理等工序验收,留存工序验收影像资料。

3.5 低填浅挖

3.5.1 低填浅挖高出94区底以上的山包应挖平,整幅应采用同种材料均匀填筑。

3.5.2 低填浅挖施工前应先施工两侧排水边沟,避免雨水浸泡损坏路堤。

3.5.3 低填浅挖路段不宜在雨季施工;雨季施工时,应预留至少30cm的覆盖层。

3.5.4 路床表层以下为非适用土、不满足加州承载比(California bearing ratio,CBR)值等材料或整理完成的路槽测试弯沉值不合格时,应尽快进行换填处理或采取其他确保压实度的措施,换填前路床两侧应做好临时排水,完成后及时完成路面结构层的覆盖。换填材料应满足设计要求。

3.5.5 路床地下水丰富时,应设置渗沟连通;渗沟底应略低于坑洼底,并与边沟衔接;渗沟沟底高程低于边沟沟底则应在路肩下设纵向渗沟,沟底应低于深坑洼底,渗沟应由填方路段引出。

3.6 结构物台背回填

3.6.1 填料宜采用透水性材料、轻质材料、无机结合料稳定材料等,崩解性岩石、膨胀土不得用于台背填筑。

3.6.2 肋板式桥台应先施工承台和肋板,再填土至台帽底,最后施工台帽;座板式桥台应先填土至承台顶面后进行钻桩,再反开挖进行承台施工;柱式台应先填土压实至台帽底,再施工桩柱,最后施工台帽。

3.6.3 台背回填应在结构物强度达到设计强度85%以上时进行。桥台背和锥坡的回填施工宜同步进行;台背回填部分的路床宜与路堤路床同步填筑。

3.6.4 涵背填土应在盖板安装或浇筑后,在洞身两侧对称分层回填压实,顶面填土压实厚度大于50cm时,重型机械和汽车方可通行。

3.6.5 台背填土应分层填筑,不得向坑内倾倒;回填前应在台背用油漆画好每层厚度标志线或贴刻度线,可采用土工材料进行分层,台背回填每层最大压实厚度不得大于20cm,如图3.6.5所示。回填砂时宜采用水沉法逐层密实,并辅以插入式振捣棒振捣。

3.6.6 回填施工宜采用压路机与小型压实机具配合进行,台背1m范围内回填宜采用小型夯实机具压实,如图3.6.6所示。

图 3.6.5 结构物台背分层回填

图 3.6.6 小型压实机具压实

3.6.7 台背回填时纵向和横向防排水系统应连接通畅。回填过程中,应防止雨水浸泡,回填结束后顶部应及时封闭。

3.6.8 涵洞八字墙(一字墙)两侧缺口填土未完成前,不得进行涵顶高程以上的路基填筑。

3.6.9 施工单位应建立台背填筑台账,监理工程师应执行工序验收;施工单位、监理单位应留存影像资料;检测单位按施工单位自检频率的20%随机抽检压实度、厚度,检测不合格时,施工单位应进行返工处理;台背回填到结构物顶高程时,建设单位可采用抽芯方式检测压实度、厚度、填料,可参见本指南附录A.4的有关规定。

3.7 泡沫轻质土路堤

3.7.1 外加剂、掺和料应满足国家和行业现行有关标准的规定,使用前应进行效果试验,确认对泡沫轻质土无不良影响。

3.7.2 泡沫轻质土的施工设备应符合下列规定:

1 水泥浆拌和设备应具有配合比自动配置及记录功能,且单台套产能宜不低于35m^3/h。

2 泡沫轻质土拌和设备应具有配合比自动配置及记录功能,且单台套产能宜不低于90m^3/h。

3.7.3 泡沫轻质土路堤地基应按设计高程和尺寸进行开挖、清理、整平、压实,设置排水沟或其他排水设施;当在地下水位以下浇筑时,应有降水措施,不得在基底有水的状态下浇筑。

3.7.4 泡沫轻质土路堤施工前,应将路基划分为面积不大于400m^2、长轴不超过30m的浇筑区,每个浇筑区单层浇筑厚度宜为0.3~1.0m。轻质土路堤每隔10~15m应设置一道变形缝。

3.7.5 泡沫宜采用压缩空气与发泡剂水溶液混合的方式生产,不得采用搅拌发泡法生产泡沫。

3.7.6 原材料配合比计量应采用电子计量,泡沫剂、水泥、水、外加剂和外掺料的计量精度控制在±2%以内。

3.7.7 用于制备泡沫轻质土的料浆在储料装置中的停滞时间宜不超过1.5h。

3.7.8 泡沫轻质土应在出料软管的前端直接浇筑,出料口宜埋入泡沫轻质土中。

3.7.9 单个浇筑区浇筑层的浇筑时间不得超过水泥浆的初凝时间;上下相邻两层浇筑间隔时间宜不少于8h。

3.7.10 泡沫轻质土不得在雨天施工;已施工尚未硬化的轻质土,在雨天应采取遮雨措施。

3.7.11 泡沫轻质土浇筑至设计厚度后,应覆盖塑料膜或无纺土工布进行保湿养护,养护时间宜不短于7d。

3.7.12 不宜在气温低于5℃时浇筑,当气温低于5℃时,应采取保温措施。

3.7.13 泡沫轻质土顶层铺筑过渡层之前,不得直接在填筑表面进行机械或车辆作业。

3.7.14 泡沫轻质土分区施工时,分区模板应安装拼接紧密,不漏浆。宜在分区浇筑施工缝处设置变形缝。变形缝宜采用18mm胶合板或20~30mm聚苯乙烯板,上下可不贯通。

3.7.15 泡沫轻质土在浇筑过程中应做湿重度现场检测,检测方法应采用容量筒法,每一浇筑区浇筑层检测次数应不低于6次。

3.7.16 泡沫轻质土应在固化后28d进行无侧限抗压强度和密度检测。抗压强度和密度检测应按现行《公路工程水泥及水泥混凝土试验规程》(JTG E30)执行,并满足设计要求。

3.7.17 泡沫轻质土的外观应光洁平顺,线形平顺,沉降缝上下贯通顺直。表面不得出现宽度大于2mm的非受力贯穿缝。

4 软土地基

4.1 一般规定

4.1.1 软土地基处理应根据地质条件进行动态设计、动态施工,不得盲目施工。施工单位应提前对软基段的地质、水文情况进行核查,如发现与设计不符时,应通知监理单位、设计单位、建设单位到场确认。

4.1.2 软土地基处理前,施工单位应进行场地平整并完成两侧临时排水系统。

4.1.3 施工单位应对不同的软土地基处理进行试验段(桩)施工,获取施工参数;试验时,监理单位、设计单位、建设单位代表应在场;成型后或龄期满足时,应及时进行承载力及抽芯检测,将试验获取的参数和检测数据反馈给设计单位,根据实际情况动态调整设计。

4.1.4 施工前应进行点(桩)位、设计线、超宽处理线的放样和标识。

4.1.5 CFG桩、素混凝土桩、管桩等刚性桩施工,若无硬壳层时,应先在软土地基上填筑一定厚度的施工平台和运输通道,作为能有效嵌固桩顶部的人造硬壳层,软基处理宜整幅施工,应保证刚性桩桩底进入持力层深度。

4.1.6 软基处理施工机械可安装行驶轨迹自动记录仪和施工参数自动记录仪。

4.1.7 土工格栅铺设搭接长度不得小于30cm,经监理验收合格后24h内完成填土覆盖;覆盖过程中推土方向应平行于格栅铺设方向,防止格栅局部上拱。

4.1.8 软基路段路基施工中,水平向排水垫层应外露并满足设计要求,结合永久排水做好临时排水,排水通道应顺畅。

4.1.9 软土地基处治路段的施工便道不宜布设于征地红线内,宜绕开软土路基处治施作范围。采用素混凝土桩、CFG桩、管桩等刚性桩处治时,当桩顶填土高度≤1.5m,二级及以下等级公路桩顶填土高度≤0.8m,不得使用大型压路机振动碾压;加载填筑期间除常规土方施工车辆外,其他重型施工设备不得在软土路基处治路段通行及作业。

4.1.10 软土地基处理不宜在夜间施工,可采取视频监控措施全过程监控;每个作业区施工单位应配备一名现场管理人员,做好施工过程中的记录,留存影像资料。

4.1.11 施工单位、监理单位当天应联合清点砂袋、排水板总数和长度,在工程量确认单上签字,建设单位进行抽检。

4.2 抛石挤淤

4.2.1 应采用不易风化的片石、块石,石料直径宜不小于300mm。

4.2.2 当软土地层平坦,横坡缓于1∶10时,应沿路线中线向前呈等腰三角形抛填,渐次向两侧对称抛填至全宽,将淤泥挤向两侧;当横坡陡于1∶10时,应自高侧向低侧渐次抛填,并在低侧边部多抛投形成不小于2m宽的平台。

4.2.3 当抛石高出水面后,应采用重型机具碾压密实。

4.3 挖除换填

4.3.1 施工前,应由施工、监理、设计、建设等单位代表参加现场挖探或地基承载力检测,核实软基的范围及深度;结合现场、土工试验、地下常水位等资料确定处理方案,明确换填的范围和材料。

4.3.2 施工单位开挖过程中应核查现场情况,与设计不符的,应及时通知监理单位、设计单位、建设单位到场确认;回填前应检查开挖深度、基底土质是否满足设计要求。

4.3.3 施工应逐段开挖、逐段填筑,及时对开挖基坑进行回填,逐层碾压。

4.3.4 换填区邻近既有建(构)筑物时,应监测换填基坑边坡和建(构)筑物的变形。

4.3.5 换填过程中监理工程师应严格控制换填材料和分层碾压厚度。

4.3.6 建设单位可组织检测单位采用抽芯或挖探方式进行换填质量的检验。

4.3.7 建设单位、监理单位、施工单位代表应进行原地面、清除软土基底面、回填材料后顶面的3次高程联测,根据测量数据绘制清除软土与换填横断面图,确定换填工程量。

4.4 塑料排水板

4.4.1 塑料排水板应附有出厂合格证、试验、检验报告,并经抽检合格,塑料排水板上应有长度刻度标识;塑料排水板不得露天存放。

4.4.2 砂垫层应采用无杂质的中粗砂,施工中应避免砂受到污染。

4.4.3 塑料排水板应打入至持力层,排水板伸入砂垫层不得小于砂垫层厚度且不小于50cm,插管形成的孔洞应用干净砂填埋;上拔管带出的淤泥,予以清除,不得弃于砂垫层上,避免堵塞排水通道。

4.4.4 塑料排水板不得搭接,预留长度不应小于50cm,排水板拔管回带长度大于

0.5m时应补打。

4.4.5　每个作业区施工单位应配备一名现场管理人员,建立每天的材料进场、施工桩数、进尺延米数台账,施工中严格控制板距、板长、垂直度,做好施工原始记录并及时收集整理。

4.4.6　排水板施工设备应配备自动记录仪,当天记录的原始数据应在监理单位、施工单位代表双方见证下导出,并现场签认,建设单位进行抽查。可采用拔袋或电阻检测等方法检验塑料排水板打设深度。

4.4.7　施工过程实行影像制,监理单位应每天检查塑料板存放,塑料板的板距、板长和伸入垫层的长度等情况,留存工序验收影像资料。

4.5 袋装砂井

4.5.1　宜采用中粗砂,粒径大于0.5mm颗粒含量宜大于50%,含泥量应小于3%。

4.5.2　袋装砂井宜选用聚丙烯或其他适宜编织料制成的砂袋,砂袋强度应能承受砂袋自重,装砂后砂袋的渗透系数应不小于砂的渗透系数;聚丙烯编织袋不得露天存放。

4.5.3　袋装砂井应采用振动灌砂机灌砂,砂袋应灌制饱满、密实,灌砂率应不小于95%,灌砂量应符合理论计算值;施工时应严格控制用砂量,避免出现空袋现象,当发现砂袋有空袋时应及时补砂。

4.5.4　砂袋入井应采用桩架吊起垂直放入,防止砂袋扭结、缩颈和断裂。

4.5.5　套管起拔时应垂直起吊,防止带出或损坏砂袋;当发生砂袋带出或损坏时,或带出长度大于50cm时,应在原孔的边缘重新打入。

4.5.6　砂袋在孔口外的长度应不小于300mm,并顺直伸入砂砾垫层。

4.5.7　施工过程实行影像制,监理工程师每天应检查灌砂率、砂井袋长度(灌砂以后)、砂袋孔口外露长度,监理应留存验收影像资料。

4.5.8　袋装砂井宜现场随机选择1%采用冲水拔袋法检测施工长度。

4.6 粒料桩

4.6.1　填料应就地取材(如碎石、卵石、砂砾、矿渣等都可使用,但易风化、崩解材料不得使用)。各类填料含泥量均不得大于5%,碎石桩采用级配好、不易风化的碎石或砾石,最大粒径宜不大于50mm;对填料颗粒级配没有特别要求时,填料最大粒径一般不大于63mm。

4.6.2　粒料桩可采用振动沉管法施工或振冲置换法,砂土地基宜从外侧或两侧向中间进行,黏性土地基宜从中间向外围,隔排隔桩跳打;在既有建(构)筑物邻近施工时,应向背离建(构)筑物方向进行。

4.6.3　砂桩的灌砂量应不小于设计要求,灌砂总量应不小于理论计算体积的1.2倍,且砂桩的桩径和深度应不小于设计要求。

4.6.4　当桩尖进入持力层的深度达不到设计要求时,应采用增大设备型号提高振动头功率的方法;如仍未能解决,应采用在桩机上加装反力架,利用反力架将桩机的重量施加到振动锤上,开启强振促使导管下沉至设计高程,并可在导管上加装高压水管,利用高压水流的冲刷能力,提高设备的穿透效果。

4.6.5　施工拔管应保持管内砂石料高度不低于地面高度,避免出现断桩现象。

4.6.6　振动法施工应严格控制拔管高度、拔管速度、压管次数和电机工作电流,以保证桩体连续、均匀、密实;锤击法施工应根据冲击锤的能量,控制拔管高度、分段填砂量、贯入度。

4.6.7　当实际灌砂(或碎石)量没有达到设计要求时,应在原位将桩打入,补充填灌砂(或碎石)后复打一次,或在旁边补桩。

4.6.8　由振动密实作用引起的原地面下沉,应根据下沉情况调整垫层厚度,保证在原地面以上有30cm厚垫层;在整个施工过程中,应保证碎石料不被周围土体污染。

4.6.9　粒料桩施工过程中,应随时检查施工记录,按设计及国家和行业现行有关标准的规定对桩的质量进行评定。

4.6.10　施工过程中,施工单位应记录沉管深度、制桩时间、每次碎石(砂)灌入量、反插次数、电流值等指标,监理工程师应进行抽检。

4.6.11　砂(或碎石)桩处理的软弱土地基应检验成桩及复合地基承载力,其复合地基的承载力应符合设计要求。

4.6.12　施工过程实行影像制,监理工程师每天应检查材料质量、打入深度、灌砂(碎石)量、桩距,留存验收影像资料。

4.7　水泥搅拌桩

4.7.1　水泥搅拌桩施工应设置水泥浆拌和站、水泥搅拌桩监控系统,监理单位、施工单位要定期对系统检查并校正。

4.7.2　水泥搅拌桩机宜选用定型产品,施工机具上应带有明显的进尺刻度标记,并配有可导出数据的全自动计算机记录系统,以控制水泥搅拌桩的深度;不得使用非定型产品、自行改装设备;不得使用没有管道压力表和计量装置的设备;钻头直径不得小于设计桩径。

4.7.3　浆喷搅拌桩机应配备浆量记录仪,粉喷搅拌桩机应配备粉体计量装置及搅拌深度记录仪,搅拌桩机上的深度仪、流量计、电流表、电压表、压力表等应经国家计量部门标定;每台搅拌机应配2个容积不小于0.5m³的灰浆搅拌机,灰浆搅拌机主轴转速不应低于60r/min。

4.7.4　桥头、结构物基础段落应优先安排施工,桥头水泥搅拌桩位置距离桥梁桩基边缘位置应不小于1.0m。

4.7.5　搅拌桩施工的场地应事先平整,清除地上、地下一切障碍物(包括大块石,树根和生活垃圾),施工平台应根据设备宽度、摆放方向合理确定宽度;二级平台水泥搅拌桩施工应考虑设备施工宽度,必要时可填筑临时施工平台。

4.7.6 成桩桩顶高程应满足设计要求,桩头应统一采用桩头切割机水平切除。

4.7.7 地质发生变化需调整桩长时,应及时通知设计单位、监理单位、建设单位到场确认;桩长应采用工作密实电流加以控制。

4.7.8 水泥浆搅拌时间不应小于4min,浆液搅拌均匀后应过筛,储浆池内水泥浆应继续搅拌,超过2h的浆液不得使用。

4.7.9 桩位偏差不得大于50mm,垂直度偏差不得超过1.0%。

4.7.10 单向搅拌时应采用下沉、上提、下沉、上提的4次搅拌,双向搅拌时应根据试桩确定下沉和上提次数。提钻喷浆时应在桩底停留不小于30s,进行加固处理,余浆上提过程中全部喷入桩体,且在桩顶部停留不小于10s。

4.7.11 水泥搅拌桩施工应根据不同软土层尽可能采用不同等搅拌速度、喷浆量,土质较差位置宜增大喷浆量。水泥搅拌桩在第一次下沉时喷浆量不宜小于总喷浆量的60%,水泥用量不得小于试桩的单位水泥用量。

4.7.12 水泥浆到达喷口后,应喷浆搅拌30s,使水泥浆与桩端土充分搅拌;提升时应边喷浆边搅拌,提升至原地面下30~50cm时,不停浆原地搅拌30s再下沉搅拌;应定时检查搅拌机的成桩直径及搅拌均匀程度,对使用的钻头应定期复核检查,其直径磨耗量不得大于10mm;施工前应对搅拌桩进行统一编号,按编号进行施工,防止漏桩。

4.7.13 当成桩过程中发生意外事故(如提升过快、送浆道路堵塞、断电等),影响桩身质量时,应在12h内采取补救措施,补桩喷浆重叠长度不得小于1m;未及时采取补救措施时,应重新打设,新桩距旧桩的距离应不得大于桩距的15%。

4.7.14 桩机移位前,应向集料斗中装入适量清水,开启灰浆泵,清洗全部管路中残存的浆液,直至管体干净,并将搅拌头清洗干净后,方可移位。

4.7.15 搅拌桩应按国家和行业现行有关标准规定的频率进行检测,应及时进行单桩承载力或复合地基承载力检测,其承载力应符合设计要求。

4.7.16 施工过程实行影像制,施工员应每天做好水泥、施工桩数、进尺延米数台账;监理工程师应每天抽查钻进深度、喷浆量、钻杆垂直度,留好验收影像资料。

4.8 CFG桩

4.8.1 施工前,施工单位应核查地质情况,与设计不符时,及时通知监理单位、设计单位、建设单位到场确认;CFG桩宜采用长螺旋钻孔灌注法成桩。

4.8.2 施工单位应按设计要求进行室内配合比试验,选定合适的配合比。

4.8.3 施工时宜按照隔桩跳打的工艺要求(两次间隔时间不小于7d);当出现串孔、液化、地面隆起等现象时,应加大跳打间隔;当邻近既有建筑物时,应向背离建筑物方向进行施工。

4.8.4 桩机导管内径大于设计桩径,桩机塔架上应有明显的进尺标识。

4.8.5 长螺旋钻管内泵压混合料灌注施工应符合下列规定：

1 长螺旋钻孔管内泵压灌注法施工设备功率（动力头）应不小于90kW，最大数据力矩应不小于40kN/m；桩机靴接地比压应不大于60kPa；钻杆直径应不小于设计桩径。

2 长螺旋钻孔管内泵压灌注法施工的混合料坍落度应控制在160～200mm（大流动性混合料）；不得使用坍落度不合格的混合料。

3 坍落度、拌和时间应按工艺性试验确定的参数进行控制；向管内泵送混合料，混合料的泵送量按试桩确定的数量进行，泵送时不得停泵待料。拔管前管内混凝土应与进料口齐平，在拔管过程中要连续向管内补充料，并时刻检查管内料的高度，应高出施工面2m以上。

4 拔管速率应按试桩确定参数进行控制，每上拔1m，留振5s，当拨至离地面2m时，拔管速度减慢一半，且每米留振10s，拔管至桩顶。施工桩顶高程宜高于设计高程50cm。

5 桩身混合料应连续灌注，灌注过程中不得断料，如出现断桩应在原桩位旁边重新加桩。

6 不得采用先提钻后泵料的施工工艺（易形成吊脚桩、悬空桩）。

7 施工时应保证排气阀的正常工作，防止成桩后桩体存气并形成空洞，如出现排气阀堵塞应立即维修或更换，待施工设备正常方可继续施工。

4.8.6 振动沉管灌注施工应符合下列规定：

1 振动沉管法施工设备功率（振动锤）应不小于75kW，最大激振力不小于400kN；应配套安装牢固的反力架及反力施加设备（用于提高设备穿透硬土层的能力）；履带式行走的振动沉管设备总接地比压不大于50kPa；桩靴直径应不小于设计桩径。

2 振动沉管法施工的混合料坍落度应控制在60～80mm（塑性混合料），不得使用坍落度不合格的混合料。

3 坍落度、拌和时间应按工艺性试验确定的参数进行控制，且拌和时间不得少于1min。向管内一次投放混合料，投放数量按试桩时确定的数量进行，投料后留振5～10s。

4 当出现桩尖进入持力层的深度达不到设计要求时，应利用反力架将桩机的重量施加到振动锤上，开启强振将导管下沉至设计高程或加大设备型号、提高振动头功率将导管下沉至设计高程；同时应在导管上加装高压水管，利用高压水流的冲刷能力，提高设备的穿透效果。

5 拔管速率应按试桩确定参数进行控制，每上拔1m，留振5s，当拨至离地面2m，拔管速度减慢一半，且每米留振10s，拔管过程中不允许反插；如上料不足，应在拔管过程中加料，不得停拔再投料；应均匀拔管至桩顶。施工桩顶高程宜高于设计高程50cm，浮浆厚度不超过20cm。

4.8.7 成桩过程中，每台班均应制作试件，进行28d强度检测；成桩28d后，按规范要求的频率进行单桩承载力或复合地基承载力试验，其承载力应符合设计要求。

4.8.8 施工过程实行影像制，监理工程师每天应检查桩的数量、间距、长度，留好验收影像资料。

4.8.9 打桩机械应具备自动记录深度的固定装置,数据可导出,施工时应处可用状态。

4.9 素混凝土桩

4.9.1 施工单位应按设计要求进行室内配合比实验,选定合适的配合比,混凝土宜由安装自动计量系统的搅拌站供应。

4.9.2 施工时宜采用隔桩跳打的工艺要求(两次间隔时间不小于7d);当出现串孔、液化、地面隆起等现象时,应加大跳打间隔;当邻近既有建筑物时,应向背离建筑物方向进行施工。

4.9.3 桩机导管内径大于设计桩径;在桩机塔架上有明显的进尺标志,打桩机械应具备自动记录深度的固定装置,数据可导出,施工时应处可用状态。

4.9.4 施工过程中严格控制拔管速率,防止发生缩孔或断桩质量事故,控制好混凝土的坍落度。

4.9.5 拔管前管内混凝土应与进料口齐平,在拔管过程中要连续向管内补充混凝土,并时刻检查管内混凝土的高度,应高出施工面2m以上。

4.9.6 严格控制拔管速率,拔管速率不得大于1.2m/min,拔管过程中不得反插。每上拔1m,留振5s。当拔至离地面2m时,拔管速度减慢一半,且每米留振10s,桩顶高程要求高出设计高程不小于50cm。

4.9.7 成桩过程中,每台班均应制作试件,进行28d强度检测。成桩28d后,应及时对桩体的不同部位(桩头、桩身及桩底)钻芯取样,检测桩基的桩长,桩身均匀性、桩身强度、无侧限抗压强度等,同时进行单桩承载力或复合地基承载力试验,还应进行低应变检测,检测桩身完整性和桩长。

4.9.8 施工过程实行影像制,监理工程师每天应检查桩的数量、间距、桩长,留存验收影像资料。

4.10 管桩

4.10.1 建设单位应组织监理单位及施工单位对管桩的生产企业进行考察并审核,对管桩的进场、配桩及使用消耗情况进行定期检查跟踪,全过程监控管理,实现供应、使用可追溯。

4.10.2 每一批次管桩进场应经监理单位验收。包括对预应力混凝土管桩的外观质量、混凝土保护层、尺寸允许偏差、抗弯性能、规格、型号、数量、检测报告、合格证书、质量保证承诺等进行检查验收,并按规定对预应力混凝土管桩进行抽检,保证管桩规格、质量等符合设计及合同约定要求。

4.10.3 每一路段施工前应按照设计要求和有关规定进行试桩,试桩位置应为地质钻孔或者静力触探的位置。如路段较长或地质有很大变化的,则适当加大试桩数量。施工单位要根据设计要求编制实施性试桩方案报监理单位审查,设计单位、监理单位对试桩全过程见证,确定施工工艺参数、检验桩的承载力,签认试桩报告,并报建设单位批准后方可执行。

4.10.4 管桩与排水固结法联合应用时,应先施工排水体。

4.10.5 管桩底部应设置桩尖,保证施工过程中桩尖完整性,同时管桩顶部应做好保护,防止发生管孔堵塞影响管桩实际施打长度的检验。

4.10.6 施工单位根据设计图进行桩位放样,明确每根管桩编号,可采用二维码建立每根管桩身份信息。

4.10.7 可视工点情况采用锤击法或静压法施工,应根据静力触探结果和试桩试验确定收锤标准(终压值),同时满足进入持力层要求。

4.10.8 管桩施工宜采用后退式施工,由路堤中间向两侧施工,由既有结构物向远处施工。

4.10.9 管桩配桩应按照长短桩结合的原则进行配置,相邻桩位于软土层中,接头位置(高程位置)错开不宜小于3m,应长桩在下;成桩过程中遇有较难穿透的土层时,接桩宜在桩尖穿过该层土后进行,接桩应符合设计要求。

4.10.10 管桩接桩宜优先采用机械连接。若采用焊接时,管桩连接应采用二氧化碳保护焊焊接,每台打桩设备应配置两套焊接设备,焊接前坡口应刷至露出金属光泽,焊接宜在四周对称进行,焊缝应连续、饱满,二氧化碳气体保护焊的自然冷却时间不应小于5min。

4.10.11 每根桩宜一次性连续沉至控制高程,沉桩过程中停歇时间不应过长;沉桩过程中应严格控制桩身的垂直度。

4.10.12 桩头损坏部分应切除,桩顶不平时应修切或修垫(钢筋混凝土桩)平整。

4.10.13 管桩施工时,现场设置工序验收牌,监理工程师应定期进行巡查;关键工序验收(包括施工平台验收、接桩验收、引孔桩顶位置验收、成桩验收、桩帽及钢筋安装验收、垫层和土工格栅验收等)要求现场施工员、监理工程师手持工序验收牌留下影像资料,影像资料应包括人员、验收牌、打桩机、施工背景等内容。验收由施工单位申报,监理单位牵头组织,建设单位、施工单位等单位参加。验收过程监理单位做好抽检记录,合格后三方共同签认,同意后方可进入下道工序施工。

4.10.14 管桩施工过程中,在桩帽及碎石垫层施工完成前,应在管桩路段施工区域外修筑便道或绕行,管桩施工区域内应设置重型机械禁行标志及围蔽,所有重型车辆及机械(如泥头车、大型施工机械、管桩运输车等)不得在管桩施工区域内行走。

4.10.15 建设单位应及时组织管桩的施工质量检测,检测数量及频率应满足国家和行业现行有关标准的规定及设计要求。主要检测内容为:桩身垂直度检测;截桩后的桩顶高程检测;桩顶平面位置检测;桩长及桩身的完整性检测;单桩承载力检测。

4.10.16 对于未采用低应变动测法、高应变动测法和静载试验检测的管桩,宜采用孔内摄像法检测桩身完整性和桩长。

4.11 真空预压与真空堆载联合预压

4.11.1 密封膜应采用抗老化性能好、韧性好、抗穿刺能力强的不透气材料。

4.11.2 密封膜连接宜采用热合黏结缝平搭接,搭接宽度应不小于15mm。

4.11.3 滤管应不透砂。滤管距泥面、砂垫层顶面的距离均应大于50mm。滤管周围应采用砂填实,不得架空、漏填。

4.11.4 密封膜的周边应埋入密封沟内。密封沟的宽度宜为0.6~0.8m,深度宜为1.2~1.5m。

4.11.5 真空表测头应埋设于砂垫层中间,每块加固区应不少于2个真空度测点。

4.11.6 真空预压施工应按排水系统施工、抽真空系统施工、密封系统施工及抽气的顺序进行。

4.11.7 采用真空堆载联合预压时,应先抽真空,当真空压力达到设计要求并稳定后,再进行堆载,并继续抽气。堆载时应在膜上铺设土工布等保护材料。

4.11.8 施工监测应符合下列规定:

1 预压过程中,应进行膜下真空度、孔隙水压力、表面沉降、深层沉降及水平位移等预压参数的监测。膜下真空度每隔4h测一次,表面沉降每2d测一次。

2 当连续5昼夜实测地面沉降小于0.5mm/d、地基固结度已达到设计要求的80%时,经验收,即可终止抽真空。

3 停泵卸荷后24h,应测量地表回弹值。

4.12 就地固化

4.12.1 正式施工前应现场验证固化土强度。

4.12.2 固化前应清除树根、块石等障碍物,存在硬壳层时宜利用挖掘机等预先松土。

4.12.3 固化剂应采用自动定量供料系统,浆剂设备压力不应小于3MPa,粉剂设备压力不应小于0.8MPa。

4.12.4 固化搅拌宜采用三维搅拌的强力搅拌头,搅拌头转速宜50~120r/min,搅拌头应有定位系统。

4.12.5 采用浆剂时水灰比宜为0.5~0.9。

4.12.6 固化深度超过1m时,搅拌头上下搅拌不应少于2次,提升速度不应大于4m/min,搅拌头连接杆的垂直度偏差不宜大于2%。

4.12.7 就地固化法可采用抽芯、静力触探、十字板试验、轻型动力触探、重型动力触探等检测手段。

5 特殊路基

5.1 一般规定

5.1.1 特殊路基施工前应进行必要的基础试验,核对地质资料、设计处理范围、设计参数等,编制专项施工方案。应通过专题会议研究确定材料的利用、改良、废弃等,明确可利用区段及相应的质量控制指标。

5.1.2 采用新技术、新工艺、新设备、新材料时,应制订相应的施工工艺和质量控制标准。

5.1.3 特殊路基施工宜进行动态监控。

5.1.4 特殊路基施工除满足本章规定外,还应满足一般路基施工的要求。

5.2 高液限土路基

5.2.1 应通过试验分别获取作为路基填料的高液限土的天然含水率、最佳含水率和最大干密度、细颗粒含量、液限和塑限、CBR 值等参数。

5.2.2 高液限土路基填筑施工前应进行试验段填筑,确定具体的施工工艺和质量控制标准。试验段应选择在地质条件、断面形式、施工质量控制等具有代表性的地段,试验段长度应大于 200m。

5.2.3 直接填筑和不同掺料的改良填筑,应进行路堤封底封层、包边土施工和封层土施工;当高液限填土或高液限土混合料填筑的路堤高度超过 6m 时,应进行加筋层施工。

5.2.4 路堤施工应符合下列规定:

1 高液限土作为路堤填料直接填筑时,压实含水率差应控制在 -2% ~4% 范围以内,最大粒径不大于 10cm。

2 封底层土厚度宜控制在常水位线以上 50cm,表面应平整、坚实,按国家和行业现行有关标准的规定设置路拱。

3 路基填土施工应采用倒卸法上土,运输车及其他施工机械不得在已完成层面上直接碾压。可采用铺设无纺布或其他措施进行路基填筑分层标识。

4 施工现场应配置圆盘耙、旋耕机、铧式犁等翻晒机械设备,做好高液限土翻晒工作。已经摊铺的合格填料应在当日内碾压密实。

5 宜采用轻型压路机碾压,碾压宜采用静压和振压相结合的方式;碾压施工应遵循先慢后快、由弱振至强振、由内向外(弯道)、由边向中(直线)、纵向进退等原则,相邻两次的轮迹重叠应达到15～20cm。

6 高液限土填料宜与包边土同步进行填筑施工,同步填筑施工时,采用水平分层填筑、分层碾压,包边土分层松铺厚度不超过30cm。包边土和高液限土填料应分别碾压,重叠范围不小于50cm。

7 高液限土路基分层填筑时,表面应设2%～4%的排水横坡,施工过程中要做好临时排水,预防路基雨水冲刷,每级填筑完成后及时进行永久坡面防护、绿化施工。

8 高液限土路基施工可沿红线外修筑一条刚度较大的便道,防止施工过程中车辆行驶破坏已完成的路基,也便于雨后恢复施工。

9 高填路段应设立观测点,加强沉降变形监测,根据沉降监测数据控制填筑速率,保证填筑质量。

5.2.5 路堑施工应符合下列规定:

1 施工前应先进行截、排水设施的施工,将水引至路基以外。

2 路堑基床换填应紧随开挖完成,不能及时进行换填处理时,应预留不小于0.5m的保护层。

3 边坡施工过程中,宜采取封闭措施;边坡不得一次挖到设计线,应预留30～50cm厚度,开挖至每级路堑边坡高程时再削坡并及时进行防护施工。

4 边坡防护及挡土构造物应做到随挖随做,高路堑边坡防护可采用分段施工、分段防护。

5 高液限土路堑应加强防排水工程设计,坡脚处可根据实际情况设置1～1.5m高护脚墙,保证坡顶、坡面、平台水排出坡体,坡脚稳定。

5.3 煤系土路基

5.3.1 煤系土填筑路段原地面应较平缓,原地面为陡坡(斜坡)或地势起伏较大时不得利用煤系土填筑。

5.3.2 煤系土不得用压实度大于93%的路基填筑,填筑路基高程应高于常水位1m以上,填筑完成后采用黏土对其封顶。

5.3.3 煤系土不得用于填土高度大于10m的路基填筑,应对填筑路段路基两侧进行包边处理,包边宽度不宜小于3m。

5.3.4 煤系土路堑边坡绿化应采用双层客土喷播植草。

5.4 岩溶地区路基

5.4.1 施工前,应核查岩溶分布、地形、地表水、地下水活动规律,编制专项施工方案。与设计不符时,应通知监理单位、设计单位、建设单位到场确认,不得随意堵塞溶洞。

5.4.2 不得堵塞与地下河连通的岩溶漏斗、冒水洞、溶洞等地下通道。

5.4.3 对路基基底的岩溶泉或冒水进行处理后,应保证路床范围的土石方不受浸润,保证不因温差作用而使水汽上升。

5.4.4 对路基上方岩溶泉或冒水洞,应采用排水沟将水截留至路基外。

5.4.5 对出水点多、水流分散的岩溶水,可设置渗沟、截水墙与截水洞等截流设施。截流位置应设置得当,截排顺畅。

5.4.6 对水流集中的长流或间歇性岩溶水,可设置明沟、涵管与泄水洞等排水设施。过水断面应设置合理,引排顺畅。

5.4.7 对路基基底处的岩溶泉和冒水洞,宜设置桥涵等排水设施将水排出路基外。

5.4.8 对截流和引流后需在洼地排水时,应设置排水沟涵将水引至洼地的消水洞,若无明显的消水洞,应排至洼地最低处。不得随意改变洼地的汇雨面积,若需改变洼地消水量,应专门论证。

5.4.9 路基基底干溶洞的顶板太薄或顶板较破碎时,可采用加固或将顶板炸除之后,以桥涵跨越;路基基底干溶洞的顶板较为完整,有较大厚度时,根据验算结果,确定处治方案。

5.4.10 当路基溶洞位于边沟附近且较深时,可采用钢筋混凝土板封闭,防止边沟水渗漏到溶洞内。

5.4.11 视溶洞的具体情况,可采用洞内加固(如桩基加固、衬砌加固等)、盖板加固、封闭加固(如锚喷加固等)等方法。

5.4.12 对影响路基稳定的人工坑洞(如煤矿采空区、古墓、枯井、掏砂坑、防空洞等),应在查明原因后,参照岩溶处置方法进行处理。

5.4.13 路堑开挖的溶洞处理应符合下列规定:

1 对土石相间的石牙、石林边坡以及开挖覆盖层与基岩交界的溶蚀破碎带形成的土夹石边坡,应清除石牙、石林间溶槽溶沟内的充填土壤及坡面上的孤石,清除至坡体自然稳定坡度,保留露出坡面的石林、石牙的自然形态。

2 对未严重风化,节理发育、破碎但稳定性好的岩溶岩石边坡,宜采用喷浆、喷射混凝土等措施。

3 对岩溶路堑开挖后有潜在滑动危险的岩质边坡,应采取支挡或锚固措施。

4 对路堑边坡上的干溶洞和洞穴,宜清除洞内沉积物,宜采用干砌或浆砌片石、钢筋混凝土板封堵;当干溶洞和洞穴影响到边坡的稳定性时,应采用浆砌片石、混凝土支柱支顶等加固措施。

5 对边坡陡、裂隙发育、易风化、剥落破碎的岩溶边坡，或规模大的土夹石岩溶边坡，应采用浆砌片石护面墙等防护措施。

6 开挖整体稳定性好的硬质岩溶岩石边坡时宜采用光面爆破或预裂爆破。

5.4.14 路堤填筑应符合下列规定：

1 应铲除溶洞石笋、石牙、孤石以及不规则的碳酸钙沉积物，整平基底，并应采用一定级配的砂砾石、碎石、片块石等渗水性好的填料回填。

2 应挖除石林、石牙、溶槽、溶沟间、洼地内的湿软细粒土。

3 在溶蚀洼地填筑路基时，应采用渗水性好的砂砾、碎石土等材料填筑，并应高出积水位 0.5m。

4 对失去排水功能的浅层漏斗、落水洞、土洞以及规模小且无地下溶水联系的溶沟、溶槽等干溶洞，可采用片碎石、混凝土等填塞。

5 位于路基基底的裸露和埋藏浅的溶洞，可采取回填封闭、钢筋混凝土盖板跨越、支撑加固或结构物跨越等处理措施。

6 对有充填物的溶洞，可采取注浆法、旋喷法等加固措施；当不能满足要求时，宜采用结构物跨越。

7 覆盖层中土洞埋藏浅时，可采用回填夯实或强夯等处理措施；覆盖层中土洞埋藏深时，宜采取注浆、复合地基等处理措施。

5.4.15 对岩溶区路基注浆处理的溶洞，应钻冒浆孔，严格控制注浆效果，注浆完成后采用雷达扫描、抽芯等方法验证注浆效果。施工过程中应实行影像制管理，监理工程师做好工序验收。

6 路堑高边坡

6.1 一般规定

6.1.1 针对特殊或风险较大的路堑边坡,设计阶段应认真开展专项技术审查和安全风险评估,对于评定等级为Ⅳ级风险的边坡,建议设计单位宜调整设计以降低风险等级;对于项目安全评估确定为Ⅲ级的路堑边坡,施工单位应于开工前开展专项施工安全风险评估,并据此编制专项施工组织方案报监理单位审查批准。

6.1.2 加强排水设计。边坡清表完成后,应进一步查明路堑顶的排水情况,及时调整、优化路堑顶截水沟的布设和断面尺寸,完成路堑顶截水沟施工后方可开挖边坡,并根据开挖后坡面渗水情况,必要时调整坡面排水设计。

6.1.3 加强边坡动态设计。加强施工过程的地质和安全性复核,边坡清表后和每开挖一级均应进行多方现场复核,结合开挖后揭示的地质情况和景观绿化需求,及时合理调整优化边坡坡形、坡率、坡面防护和坡体加固措施等。

6.1.4 设计单位、监理单位应派驻有丰富经验的专业工程师,做好跟踪服务。建设单位应指定专人跟踪边坡动态设计及施工。

6.1.5 严格执行路堑边坡开工报告审查制度,重点审查地质资料是否满足现行相关标准、规范规定和设计要求、设计方案是否合理可行、施工准备工作(如施工机械、材料、人员等)是否到位等。对具备开工条件的边坡,施工单位应上报开工报告,经监理单位审查同意后方可施工。路堑边坡开工报告审查表如表6.1.5所示。

6.1.6 实行边坡首件验收制。路堑边坡首件验收由项目监理单位组织,建设单位参与,选取先行施工、有代表性的土质和石质两类边坡分别进行首件验收,明确有关管理程序、质量标准、监管措施等,经验收合格后方可开展大面积施工。

6.1.7 石方开挖应根据岩石的类别、风化程度、节理发育程度、岩层产状和施工环境等确定开挖方案,严格按批复方案施工,不得进行大爆破施工;临近坡面石方原则上应采用光面爆破,进行专项爆破设计,光面爆破工程量单独计量、计价。

路堑边坡开工报告审查表　　　　表6.1.5

××公路××段

施工单位：　　　　　　　　　　　桩号范围：
监理单位：　　　　　　　　　　　编　号：
施工单位负责人：　　　　　　　　设计代表：
建设单位代表：　　　　　　　　　监理总监：
检查日期：　　　　　　　　　　　　　　　　　　　年　　月　　日

项　目	检查项目	检查情况	结　论
1	地勘资料是否满足设计要求		
2	现场地质情况是否符合设计要求		
3	现场地形地貌是否与设计相符		
4	初步判别原设计是否合理		
5	施工方案是否审查,是否满足施工安全和质量管理要求		
6	施工人员、材料、机械是否满足要求		
7	其他		

6.1.8　路堑高边坡处理可采用稳定为本,加固为主,排水、防护并重的综合处理措施。

6.2 边坡施工过程管理

6.2.1　强化施工技术交底与质量控制,边坡施工前应开展各工序施工工艺与质量控制的技术交底;严格按照设计的坡形、坡率开挖边坡,杜绝坡面超挖或欠挖现象;严控锚杆、锚索等工程的压浆工艺,确保压浆质量和锚固力。

6.2.2　边坡开挖前,施工单位、监理单位应对整个开挖坡面外推10~50m进行踏勘调查,调查的主要内容包括冲沟、不良地质等情况,以更好地掌握水流集中的方向和其他异常情况。开口线位置应经监理现场确认,应严格控制堑顶清表范围。

6.2.3　落实排水先行要求,截水沟或临时沟应在路堑开挖前完成,宜提前预制小型构件,在边坡逐级开挖过程中,及时逐级完成坡面排水系统,截水沟迎水面沟顶高程应严格控制,确保施工过程排水通畅。

6.2.4　边坡开挖路段要设置隔离防护,悬挂安全标志牌、危险源辨识牌等安全标识牌。

6.2.5　按照"开挖一级,防护一级"的原则,严格施工过程管控,边坡绿化应同步实施,如图6.2.5所示。对项目重点管理的边坡,填写边坡工程开挖检查情况表(表6.2.5),每开挖、防护一级,监理单位应组织建设、设计、施工、监测等单位代表到现场进行验收,对地质情况进行再判别,经验收合格后方可开展下一级的边坡开挖,不得未经验收或验收不合格而继续开挖。

图 6.2.5　边坡开挖一级、防护一级

边坡工程开挖检查情况表　　　　　　　　　　　表 6.2.5

××公路××段

施工单位：　　　　　　　　　　桩号范围：
监理单位：　　　　　　　　　　编　号：
建设单位代表：　　　　　　　　设计代表：
监理总监：　　　　　　　　　　施工单位负责人：
检查日期：　　　　　　　　　　　　　　　　　　　　年　月　日

项目	检查项目		边坡				
			第一级	第二级	第三级	……	第 n 级
1	临时排水设施是否已实施						
2	边坡坡率	设计坡率					
		施工坡率					
		施工开始时间					
		施工完成时间					
3	边坡平台	设计平台	碎落台	第一级	第二级	……	第 n 级
		施工平台					
4	地质复核	地质情况是否符合设计要求					
5	检查意见	设计施工情况	是否可以开展下阶段施工				

注:具体表格与扣分项、标准各项目可自行制订。

6.2.6　施工过程中,每挖深 3～5m 应进行边坡边线和坡率的复测。

6.2.7　雨季施工地段应做好防洪、防水、排水工作;土质渗水路堑、截水沟、排水沟应及时铺砌或采取其他防洪措施,保证边坡稳定,起到排水防洪的作用;施工人员应配备雨季作业劳动保护用品,应对工人进行雨季施工和防洪抢险教育。

6.2.8 建设单位应组织设计、施工、监理、监测等单位,根据地勘报告和清表揭示的地质情况,确定项目应重点管理的路堑边坡,原则上边坡高度超高20m、地质条件复杂的路堑边坡均应纳入重点管理范围。

6.2.9 规范线外临时边坡的开挖与防护,应将取(弃)土场边坡以及因桥梁施工和便道施工开挖形成的高陡临时边坡纳入永久边坡设计范畴,建设单位及监理单位应加强边坡施工过程中的管控,建立管理台账。

6.2.10 监理工程师应严格执行工序验收制,验收内容包括边坡坡率、平台宽度、锚杆(索)放样位置、钻孔深度、注浆饱满度、格梁刻槽深度、锚索张拉等;锚杆、锚索张拉后应及时通知检测单位按频率随机进行锚下应力检测,监理工程师应在场见证,工序验收应留下影像资料。

6.2.11 监理单位和检测单位应加强检测边坡防护工程质量,重点检测下列内容:
1 锚杆锚索的注浆强度、锚孔位置、锚孔孔径、锚孔孔深、锚孔间距和锚杆抗拔力。
2 锚索张拉力、张拉伸长率及夹片回缩情况。
3 坡面防护工程混凝土强度、喷层厚度、框格梁断面尺寸和平面位置。
4 抗滑桩的混凝土强度、桩长、孔径或断面尺寸、桩位、竖直度和钢筋骨架底面高程。

6.3 边坡安全风险管控和动态监测

6.3.1 深挖路堑边坡与滑坡加固工程施工时,建设单位应会同设计单位、施工单位、监理单位及监测单位联合成立治理专项小组,及时沟通联系,制订应急预案,建立施工期间的安全预警机制,强化管理。

6.3.2 合理制订边坡动态监测内容、监测点(孔)、监测时间和监测频率,随工程进展情况做好动态调整,宜采用边坡安全自动监测和预警新技术。

6.3.3 加强对安全风险性较大的边坡管控力度,切实加强对开挖自然坡体稳定性不足、需要设置锚杆锚索等加固措施的边坡管控力度,严格按照从上至下的施工顺序逐级开挖,紧跟防护加固措施。

6.3.4 在坡体开挖过程中,应与边坡动态变形监测同步进行,做好施工期间坡体变形的监测工作,做好监控点的保护工作。对于重点边坡,采取施工单位和第三方监测单位分别独立开展监控量测工作,监测成果应相互比对、验证。

6.3.5 规范边坡防护检查,对重点边坡实行动态台账管理;建设、施工、监理单位应建立边坡过程管控的工作机制,建立高边坡及重点边坡的动态管理台账,将边坡开挖、防护的过程管理纳入项目日常和月度检查内容,实行表格化管理。

7 排水工程

7.1 一般规定

7.1.1 排水工程应实行动态设计、动态施工，施工单位应核查全线排水设计是否完善、合理，复核水沟高程，与设计不符时，应通知监理单位、设计单位、建设单位代表到场确认；临时排水设施应先行施工，宜与永久排水设施相结合。

7.1.2 排水工程应实行首件验收制度，验收合格后方可大面积施工。

7.1.3 排水工程宜采用小型预制块或滑模现浇；砌体工程砂浆应按照设计配比采用机械集中拌和，并配备称量系统，随拌随用，不得人工拌和。砂浆用材料应满足设计要求。运至施工现场的预制块应洁净、无破损，存放规范整齐。

7.1.4 截水沟、排水沟等排水设施侧壁回填土应夯实并做好防渗处理，迎水面沟顶高程应严格控制，防止水流直接渗入沟底。

7.1.5 监理工程师宜按每100m一处（不足100m按一处）对排水工程进行破检，检查结构尺寸、砂浆填缝饱满度。

7.1.6 路堤填筑期间，作业面应设2%～4%的排水横坡，表面不得积水；边坡应采取临时排水措施。

7.1.7 急流槽基础应嵌入稳固的基面内，底面应按设计要求砌筑抗滑平台或凸榫，对超挖、局部坑洞应采用相同材料，与急流槽同时施工。

7.2 临时排水

7.2.1 路基施工应做好临时排水总体设计和施工，临时排水应与永久性排水设施相结合，与自然排水系统相协调。具备条件时应优先采取永久性排水设施排水。

7.2.2 路基施工期间，应经常维护临时排水措施，保证施工范围内以及取土场排水的畅通。

7.2.3 在填筑路堤前,应在填方坡脚以外挖掘排水沟,将水流引至附近桥涵处或预留的桥涵缺口处,保持场地不积水。如原地面松软,应采取换填等措施进行处理。在斜坡地带修筑路堤,应开挖截水沟。

7.2.4 应重视地表水和地下水的处理。地表水以及可能发生的雨水径流应预先做好排水沟及出水口,不能在填筑前做好小桥涵时应做好临时管涵或盲沟,在边坡坡脚处做好临时排水沟及防护。

7.2.5 路基填筑前应按要求做好临时排水设施,包括路拱横坡、拦水土埂、临时急流槽(砂浆抹面)等,损坏后应及时修复。路基填筑是否按要求设置临时排水设施,可作为填土验收计量的必要条件。

7.2.6 雨季开挖路堑,当挖至路床顶面以上30~50cm时应停止开挖,并在两侧挖好临时排水沟,待雨季过后再施工。

7.2.7 应重视施工过程中的边坡排水。预先做好排水边沟,引导水流从急流槽流下或引导至排水管涵;未完成防护的边坡应做好临时排水,雨天应对坡面进行遮盖,防止水流对边坡侵蚀和掏空。

7.3 地表排水

7.3.1 排水沟、边沟、截水沟的测量放样应适当加密,挂线施工;开挖深度应满足设计要求,沟底平整,沟体线形顺直、圆滑。

7.3.2 路基排水应根据实际地形选择合适的位置将地面水和地下水排出路基外,并与自然水系相衔接。

7.3.3 排水沟、边沟、截水沟开挖后监理工程师应对线形、沟槽尺寸等进行验收,验收合格后方可进行下道工序。

7.3.4 汇水量较大的边坡,应动态调整急流槽尺寸。

7.3.5 砂浆强度、厚度、密实度应符合设计要求,构造物应坚实、稳定。

7.3.6 砌体工程内应坐浆饱满、密实;勾缝平顺无脱落、密实、美观、缝宽均衡协调;抹面应平整、压光、顺直,每5~10m设置1道断缝,不得出现裂缝、空鼓现象,如图7.3.6所示。

a) 浆砌片石水沟   b) 浆砌预制块水沟

图7.3.6 砌体线形及勾缝效果

7.3.7 现浇混凝土急流槽应由下至上一次浇筑完成,振捣密实,表面抹光。

7.3.8 预制块、砌体工程应采用破检法检测铺砌厚度,现浇混凝土宜采用钻芯法检测沟底浇筑厚度。

7.4 地下排水

7.4.1 渗水材料应采用洁净的砂砾、粗砂、碎石、片石,其中粒径小于2mm的颗粒含量不得大于5%。

7.4.2 渗沟宜从下游向上游分段开挖,开挖作业面应根据土质选用合理的支撑形式,并应边挖边支撑,渗水材料应及时回填。

7.4.3 采用土工布作反滤层时,应先在底部及两侧沟壁铺好土工布,并预留顶部覆盖所需的土工布,拉直平顺紧贴下垫层,纵向、横向接缝应交替错开,搭接长度均不得小于设计要求,如图7.4.3所示。

图7.4.3 铺设土工布

7.4.4 渗沟的出水口宜设置端墙,端墙下部留出渗沟排水通道,端墙排水孔底面高程应大于排水沟沟底高程,端墙出口的排水沟应进行加固,防止冲刷。

7.4.5 盲沟的埋置深度,不得低于原有地下水位;当排除层间水时,盲沟底部应埋于最下面的不透水层上。

7.4.6 管式渗沟渗水孔应在管壁上交错布置。

7.4.7 监理工程师应严格执行开挖和回填工序验收制,并留存工序验收影像资料。

8 防护与支挡工程

8.1 一般规定

8.1.1 防护与支挡工程应采用动态设计、动态施工;与设计不符时,施工单位应及时通知监理单位、设计单位、建设单位代表到场确认。

8.1.2 防护与支挡工程应执行首件验收制度,验收合格后,方可大规模施工。

8.1.3 防护工程小型预制构件宜集中工厂化预制,可采用全自动生产线;预制模具应使用不易变形的塑钢模,监理应进行定期检查,防止模板变形损坏。

8.1.4 预制构件在安装过程中可采用机械吊装或"爬山虎"物料运输车,可参见本指南附录 A.5 的有关规定。

8.1.5 施工过程中应优先做好排水设施,保障排水畅通,截排地表水和导排地下水。

8.1.6 砌体工程砂浆应按照设计配比采用机械集中拌和,并配备称量系统,随拌随用,不得人工拌和。砂浆用材料应满足设计要求。

8.1.7 砌体的外露面应进行勾缝,应在砌筑时靠外露面预留深约2cm 的空缝备作勾缝之用,应统一勾缝,不得勾假缝。

8.1.8 沉降缝应做到缝宽一致、整齐垂直、上下贯通,特别是上下级防护工程沉降缝位置一致。

8.1.9 护面墙施工应按从下到上的顺序进行,防止出现滑塌。

8.1.10 坡面防护泄水孔数量、位置及排水坡度应符合设计要求,可根据现场实际情况布置。泄水孔应穿透砌体,后面应设置反滤层,监理工程师应经常抽检泄水孔排水是否通畅。

8.1.11 边坡的坡顶及坡脚应进行圆弧化处理,边坡两侧应进行衔接过渡处理,避免出现折角,坡面应平整,排水应顺畅。

8.1.12 每处坡面防护应设置检修通道及必要的扶栏,如图 8.1.12 所示。

图 8.1.12　边坡检修道扶栏

8.1.13　监理工程师应定期对圬工等防护工程进行养生检查,养生宜采用洒水薄膜养生,对特殊部位可采用养护剂养生。

8.1.14　基坑、基槽开挖前应进行放样,宜采用边坡刻槽机进行基槽的开挖(附录 A.6),开挖后的线形尺寸、挡墙防排水、锚杆锚索张拉等关键工序应经监理工程师验收,并留影像资料。

8.1.15　建设单位及设计单位可根据项目地形条件、运输条件、挡墙规模等情况,充分考虑不同施工方式的差异性,确定合理单价,将装配式挡墙与现浇挡墙进行综合比选分析后,选择适宜的挡墙施工方式。

8.2　植物防护

8.2.1　在坡面形成后,应及时进行坡面植物防护。

8.2.2　植物防护应严格控制草灌配比,选用适应区域气候条件的、抗干旱、耐贫瘠品种。植被施工后,应适时进行洒水、施肥等养护管理;草籽应撒布均匀,并做好保护措施;灌木(树木)应在适宜季节栽植;养护用水应不含油、酸、碱、盐等有碍草木生长的成分。

8.2.3　坡面植物防护应加强绿化施工过程管理,监理工程师应按时巡查,发现未按设计配比播种,或成活率低,应要求施工单位及时补种。

8.2.4　<u>边坡出现小范围水土流失,不宜直接用片石填补形成"疤痕",在确保边坡稳定的前提下优先考虑生态修复。</u>

8.2.5　结合当地植物类型、文化特色,充分利用坡面资源,对边坡绿化进行动态设计优化;提倡边坡绿化进行主题、理念、艺术化设计,打造路域人文景观,如图 8.2.5 所示。

a)

b)

图 8.2.5　绿化效果

8.2.6 湿法客土喷播应符合下列规定：

1 喷播前应检查作业面的粗糙度，平均粗糙度宜为±100mm，最大不超过±150mm；若岩石边坡本身不稳定，需要采用预应力锚杆锚索进行加固处理。

2 喷播植草混合料植生土、土壤稳定剂、水泥、肥料、混合草籽、水等应按配合比组成。

3 客土喷播前浇水湿润坡面，喷播植草混合料的配合比应根据边坡坡度、地质情况和当地气候条件确定，喷播混合材料厚度应为20~80mm；种子喷播应均匀。

4 客土喷播施工锚杆和锚钉宜按1m×1m间距梅花形布置。挂网施工时应采用自上而下放卷，相邻两卷铁丝网分别用绑扎铁丝连接固定，两网交接重叠处宽度应不少于100mm，锚钉应不少于5个/m²。

5 挂网与作业面应保持一定间隙，并均匀一致。

6 湿法喷播施工后应及时进行补种、洒水、施肥、清除杂草等养护管理，成活率应达到90%以上。

8.2.7 植生袋施工(图8.2.7)应符合下列规定：

1 铺设植生袋时，应保证种子附着完好；袋内土不得含水。

2 坡面施工时，应从底部开始，必要时在基面上打固定桩。

3 植生袋应平铺在坪床上，边缘交接处重叠10~20mm。袋上应均匀覆土或河砂，厚度不露出植生袋，宜为10mm左右。

4 植生袋铺种完毕后应立即用喷灌方式浇水，保持地表湿润，应避免水柱直冲。

图8.2.7 植生袋

8.2.8 三维植物网防护施工应符合下列规定：

1 施工前应先清除杂草、石块、树根等杂物，坡面土质疏松的应进行夯实。

2 铺设三维网应自上而下平铺到坡脚，并向坡顶、坡脚各延伸500mm。

3 三维网应用木桩、锚钉锚固于坡面，四周以U形钉固定。网间搭接长度应满足设计要求且应不小于100mm。三维网应紧贴坡面，无皱褶和悬空现象。

4 施工时应避开阴雨天气。

8.3 圬工护面

8.3.1 浆砌片(块)石骨架坡面

1 在坡面防护完成前应采取临时防、排水措施,确保坡面稳定。

2 浆砌护坡施工前,应清理坡面,达到平整顺适;路堤边坡防护应由下往上分级施工,路堑边坡防护应由上往下分级施工。

3 砌筑石料表面应干净、无风化、不易风化、强度高、无裂缝和其他缺陷,石料应符合规范要求;砌筑时石料应大面朝下、平铺卧砌,坡脚坡顶等外露面应选用较大的石料,并加以修整。

4 浆砌片(块)石应分层砌筑,一般砌石顺序为先砌角石,再砌面石,最后砌腹石。

5 砌筑片(块)石时,应注意利用片(块)石的自然形状,大小搭配、相互错叠、咬接紧密,使其相互交错衔接。

6 采用坐浆挤浆法砌筑时,砂浆应饱满密实,做到坡面顺适、勾缝平顺、养生及时。

7 路堤边坡铺砌,垫层应与铺砌层配合施工,分段施工,随铺随砌;按设计要求设置伸缩缝、沉降缝,在基底地质有变化处应设置沉降缝。

8 软弱地基段落,路堤边坡浆砌片(块)石施工应在路基沉降稳定后实施。

8.3.2 混凝土预制块坡面防护

1 预制块制作时,将模具摆放平稳,涂抹脱模剂,宜先往模具内加1/2的混凝土,振捣密实后,再加满混凝土继续振捣直至密实为止。

2 预制块浇筑完成并抹平顶面,待混凝土终凝后及时养生,养生期一般不少于7d;浇筑后保持模具水平,脱模时应避免发生缺边、掉角、开裂的现象,脱模完成后及时清理模具;成型后的预制块要堆放整齐。

3 预制块的混凝土强度达到设计要求后方可进行安装,运输过程中应轻装轻卸,避免损坏。

4 安装前应进行平面位置、坡度的施工放样,监理工程师应进行复核。

5 预制块基槽底部和侧面填料应密实,安装时注意控制线形,做到砌筑稳固、顶面平整、缝宽均匀、线条顺直、曲线圆滑美观,完工后及时做好现场清理工作,空心预制块安装完成后应及时进行回填土、绿化等工作,如图8.3.2所示。

8.3.3 现浇混凝土坡面防护

1 混凝土骨架护坡施工前,应清理坡面,达到平整顺适。

2 根据路基边坡长度、坡度、坡顶面形状准确测量放样,监理工程师验收合格后方可进行基槽开挖。

3 现浇混凝土骨架应分段施工,骨架基槽从上往下开挖,不得欠挖,若超挖应用同级混凝土回填,不得有松土留在基槽内,基槽暴露时间不宜过长,基槽开挖后应经监理工程师验收通过后方可进行下道工序施工。

a)实心六菱砖　　　　　　　　　　　　b)空心六菱砖

图 8.3.2　锥坡防护

4　严格控制模板安装质量,可采取混凝土垫块等措施确保钢筋保护层厚度,同时注意检查钢筋骨架尺寸满足设计要求。

5　混凝土采用集中厂拌,混凝土浇筑由下而上,采用插入式振捣器振捣密实,人工抹平收浆。

6　骨架混凝土终凝后应及时覆盖洒水养生,养生期一般不少于7d。

7　混凝土养生结束后,坡面应及时进行绿化,如图 8.3.3 所示。

图 8.3.3　现浇混凝土防护

8.4　圬工挡墙

8.4.1　基础施工

1　基坑开挖前应进行详细的测量放样,做好施工区域范围的截、排水设施,边坡稳定性差且基坑较深时,宜分段开挖,分段作业,跳槽进行,采取临时支挡防护或放缓基坑边坡坡度。

2　基础设计有倒坡时,应按设计一次开挖成形,不得欠挖和超挖填补。

3 基础位于岩体斜坡上时,应清除表面风化层,横向应按设计凿成台阶,设计未明确时,台阶的高宽比不得大于2∶1,台阶宽度不应小于50cm;沿墙长度方向有纵坡时,应沿纵向按设计或规范要求凿成台阶。

4 基坑开挖至设计高程,进行基底承载力检测,基底平面位置、断面尺寸、基底高程等应满足设计要求,经监理工程师验收合格后,方可进行下道工序施工;若基底承载力不符合设计要求,应通知监理单位、设计单位、建设单位代表到场处理。

5 基础施工前,基坑应保持干燥,坑内积水应及时排除,受水浸泡的基底土应全部予以清除,并以满足设计要求的相关填料回填至设计高程。

6 结构物基坑在雨季开挖后未能及时施工时,应采取防浸泡措施,必要时雨后应重新检测地基承载力。

7 岩体破碎或土质松软、地下水丰富的地段,宜避开雨季施工。

8 砌筑第一层基础时,如基底为岩石时应先清洗,湿润基底表面,再坐浆砌筑或浇筑混凝土。

9 基础砌筑时,石块间较大的空隙应先填塞砂浆,后用碎石块嵌塞。

10 **基础应设置伸缩缝和沉降缝,在地质变化分界处应增设沉降缝。**

8.4.2 墙身施工

1 石料抗压强度应不小于设计要求,石质均匀,无风化,无裂纹,镶面石外露面及两个侧面及上下面应修凿,做到缝宽一致、整齐美观。

2 浆砌片(块)石挡土墙砌筑时应挂线,内、外坡面线应顺适整齐,逐层收坡,在砌筑过程中应经常复核线形,以保证砌体结构尺寸符合设计要求。

3 砌筑墙身时,应先将基础表面加以清理、湿润,采用坐浆法砌筑。若中断砌筑时,砌体的顶部不得用砂浆覆盖,继续砌筑时,应将砌层表面加以清理、湿润后再重新坐浆。

4 砌筑上层时,不得撬动下一层,不得在已砌好的砌体上抛掷、翻转和敲击石块。

5 砌体石块应互相咬接,砌缝砂浆饱满,砌缝宽度一般不大于3 cm(浆砌块石),上下层错缝不小于8 cm;砌筑时,一般应先砌角石,再砌面石,最后砌填腹石。

6 混凝土挡土墙应分层浇筑,应注意预埋石笋或钢筋,连接处混凝土面应凿毛,在浇筑前清洗干净。

7 挡土墙混凝土或砂浆强度达到设计强度的75%时,应及时进行墙背回填。距墙背0.5~1.0m内,不得使用重型振动压路机碾压。

8 每层砌筑或浇筑完成后要及时覆盖养生,保证规定的养生期。

9 在地质变化处设置沉降缝;伸缩缝和沉降缝要求垂直、上下贯通并与基础伸缩缝和沉降缝对应,缝隙用设计要求材料填塞。

10 墙身施工时按设计要求设置泄水孔,泄水孔的数量和间距可根据现场实际情况进行动态调整;回填施工前按设计要求设置反滤层。

8.5 锚固工程

8.5.1 施工前应检查地质情况,清除坡面松散的浮石,用浆砌片石或混凝土填补空洞、凹槽、缝隙,不得采用沙袋填补。边坡修整后应平整、密实,无溜滑体、蠕变体和松动岩体。

8.5.2 坡面开挖完成并经监理工程师验收合格后,应尽快进行锚固工程施工作业,完成后方可进行下级边坡开挖。

8.5.3 根据锚固地层类型、锚孔孔径、深度、施工场地条件等选择钻孔设备;岩层中应采用潜孔冲击成孔,对易塌缩孔或卡(埋)钻地层应采用跟管钻进技术;钻孔作业应搭设稳固的施工平台,钻孔机不得固定在边坡平台上;钻孔应干钻,不得采用水钻。

8.5.4 成孔后应及时清净孔内残渣,及时插入杆体并注浆。成孔后无法立即插入锚杆或锚索时,宜在孔口采取临时封堵措施,避免水或其他杂物进入孔内。

8.5.5 压浆设备宜配备称重系统,采用水泥浆时,水灰比宜取0.5~0.55;采用水泥砂浆时,水灰比宜取0.4~0.45,灰砂比宜取0.5~1.0;拌和用砂宜选用中粗砂。砂浆应随拌随用,放置超过初凝时间的砂浆不得使用。

8.5.6 锚杆施工前应按设计要求进行抗拉拔力验证试验;锚索施工前应按设计要求进行锚索的锚固性能试验,确定施工工艺。

8.5.7 锚固工程张拉设备应按规定配套标定,标定间隔期不宜超过6个月或使用200次,拆卸检修的张拉设备或压力表经受强烈撞击后,应重新标定;应对操作人员进行安全、质量技术交底,经技能培训,方可上岗。

8.5.8 锚索制作应符合下列规定:
1 不得使用有机械损伤、电弧烧伤和严重锈蚀的钢绞线。制作前应对钢绞线进行清污、防锈处理。不得将钢绞线及锚索直接堆放在地面或露天储存,避免受潮、受腐蚀。
2 锚索制作宜在现场厂棚内进行,应随制作随安装,避免长期存放。
3 锚索的长度应根据钻孔的实际深度确定,钢绞线应采用机械切割下料,不允许接长。
4 制作好的锚索应按设计要求进行编号。

8.5.9 钢绞线沿锚索体轴线方向按设计要求设置架线环,锚索体保护层厚度不得小于设计要求,安装锚索体前应认真核对锚孔编号。

8.5.10 锚索锁定后,在注浆锚固前若发现有明显的预应力松弛时,应查找原因,并进行补偿张拉。

8.5.11 锚索二次注浆应在锚索张拉、检测合格后进行。注浆完成后,应及时对锚固端按设计要求进行封闭保护或防腐处理。封锚应采用与结构或构件同强度的混凝土,长期外露的锚具应进行防锈处理。

8.5.12 锚固端灌浆应饱满、密实,锚固注浆实际注浆量应大于理论注浆量,或以锚具排气孔溢出浓浆作为注浆结束的标准;注浆结束后,应做好注浆记录。

8.5.13 锚索张拉时千斤顶应固定在支架上,确保千斤顶与锚索同心。张拉应采用张拉应力、伸长量双控。当实际伸长值大于设计伸长值的10%或小于5%时应停止张拉,进行锁定,并查明原因。

8.5.14 格构施工应符合下列规定:

1 施工前坡面应修整平整、夯实,无溜滑体、蠕滑体和松动岩块。

2 人工开挖沟槽,应保证外露部分高度为150mm。开挖沟槽时,边坡局部凹处应夯填回填土,其密实度应不低于90%,并宜使表面平整。

3 钢筋尺寸、规格、布筋间距、焊接强度、保护层厚度等,应符合设计和规范要求。钢筋绑扎完毕,应将锚杆锚固弯头与格构格钢筋有效连接,检查合格后应立即浇筑混凝土,钢筋不得长期暴露。

4 混凝土浇捣过程中应保持混凝土表面平整、湿润有光泽,无干斑及滑移流淌现象,表面人工抹平压光。浇捣完应覆盖浇水养护,养护时间不少于7d。

5 格构格及锁边格每间隔一定距离应设置变形缝。变形缝应竖向布置,间隔距离宜为20~25m,变形缝宽度宜为20~30mm。

8.5.15 监理工程师应对锚杆(索)安装、张拉、压浆等工序进行验收,并留存影像资料。

8.5.16 锚杆锚索施工质量应符合表8.5.16的规定。

锚杆锚索施工质量标准　　　　表8.5.16

项次	检查项目		规定值或允许偏差	检查方法和频率
1	注浆强度(MPa)		在合格标准内	《公路工程质量检验评定标准 第一册 土建工程》(JTG F80/1)附录F或附录M
2	钻孔深度(mm)		不小于设计值	尺量:逐孔测
3	钻孔直径(mm)		±10(设计直径≥60) ±5(设计直径<60)	卡尺:逐孔测
4	孔位(mm)		±50	尺量:逐孔测
5	钻孔倾角(°)		不大于3	地质罗盘仪:逐孔测
6	杆体长度(mm)		不小于设计值	尺量:逐孔测
7	锚杆插入钻孔长度(mm)	预应力	不小于设计长度的97%	尺量:逐孔测
		非预应力	不小于设计长度的98%	尺量:逐孔测
8	锚杆抗拔力(kN)		抗拔力平均值≥设计值, 最小抗拔力≥0.9设计值	拔力试验:锚杆数5%,且不少于3根
9	锚索张拉应力(MPa)		满足设计要求	油压表:逐根(束)测
10	张拉伸长率(%)		满足设计要求; 设计未要求时为±6	尺量:逐根(束)测
11	断丝、滑丝数		每束1根,且每断面不超过钢线总数的1%	目测:逐根(束)测

8.6 抗滑桩

8.6.1 深度超过15m;开挖深度不超过15m,但地质条件复杂或存在有毒有害气体分布的人工挖孔桩工程,施工单位编制专项施工方案并组织专家论证会,专家论证会通过后报监理单位审批方可实施。

8.6.2 抗滑桩施工准备应符合下列规定:

1 人工挖孔桩孔口护壁高出地面30cm以上,井口硬化宽度不小于60cm,孔口设置活动式U形护栏,护栏高度不小于1.2m,采用红白相间钢管,挂过塑钢丝网,并设置相关的安全警示标牌。桩位处设立警示标志、工程标志牌等。

2 土层或破碎岩石中挖孔桩采用钢筋混凝土护壁,并根据计算确定护壁厚度和配筋量。

3 卷扬机配置有效可靠的限位器及防脱装置,并采取有效可靠的防倾覆措施,安全系数不小于2。

4 现场配备气体浓度检测仪器用于检测孔内气体浓度,做好每日检测记录,配备专用通风软管。

5 配备专用安全软爬梯,爬梯宽度0.5m,步距0.3m,承载力不小于2000N,配置防坠器。

6 当挖孔至5m以下时,在孔底面上3m左右处的护壁上设置半圆形防护板,防护板用木板或钢筋网,并固定牢靠。

7 孔口覆盖采用钢筋网片,同时设置安全警示标志。

8 桩孔内设防水带罩灯照明,采用安全电压及防水绝缘电缆。

8.6.3 抗滑桩施工现场管控流程应符合下列规定:

1 人工挖孔桩开工前,根据地质、地下水情况编制专项施工方案,并组织专家进行论证、审查。

2 组织相关人员进行三级安全技术交底,并对相关施工作业人员进行安全教育培训。

3 施工作业人员进入施工现场开始制作锁口,设置卷扬机以及设置安全防护设施,制作完成后报安全部进行验收,在满足安全要求后方可进行开挖作业。

4 在施工过程中,人工挖孔桩作业人员每天上班前由班组长或现场技术员组织对当班工人进行班前安全会,向工人讲解宣贯当班作业中的安全注意事项以及常规的应急救援要点,并对每个作业人员的安全防护用品佩戴情况进行检查。

5 班组长在每日工人进入孔内施工作业前对现场安全防护、孔内气体检测、卷扬机等进行安全检查,并填写人工挖孔桩安全检查表,确认无误后工人开始作业,由现场技术员和现场监理工程师进行每日核查。

6 当作业孔桩入岩需要爆破时,施工单位应安排专职爆破作业人员指导作业工人钻炮眼,由专职爆破人员装药、警戒、爆破,装药过程中相邻孔桩停止作业并离开作业面,爆破结束后进行机械通风,通风超过30min后,用气体检测仪检测孔内气体,确认无误后继续作业。

7 当班挖孔作业结束后进行班后安全会,由现场技术员或班组长组织,对当班作业中发现的问题进行总结,并检查作业人员是否按要求盖好孔盖,要求工人清理锁口附近弃渣及杂物,关闭电源,并进行记录。

8.6.4 施工过程中应对地下水位、滑坡体位移和变形进行监测。

8.6.5 桩基开挖过程中应随时核对滑动面情况,及时进行岩性确认,当实际情况与设计不符时,应及时通知建设单位、设计单位、监理单位,采用动态设计,动态施工。

8.6.6 开挖及支护应符合下列规定:

1 应分节开挖,每节高度宜为0.5~1.0m,分节不宜过长,不得在土石层变化处和滑动面处分节,每节挖好后及时支护。

2 护壁应经过计算确定,应考虑到各种不利情况。护壁混凝土应紧贴围岩灌注,灌注前应清除孔壁上的松动石块、浮土,围岩较松软、破碎、有水时,护壁应设泄水孔。

3 开挖应在上一节护壁混凝土终凝后进行,混凝土强度达到可保持护壁结构不变形后方可拆除模板的支撑。

4 在围岩松软、破碎和有滑动面的节段,应在护壁内顺滑动方向用临时横撑加强支护,并经常观察其受力情况,及时进行加固。

5 开挖桩群应从两端沿滑坡主轴间隔开挖,桩身强度不低于设计强度的75%时可开挖邻桩。

6 弃渣不得堆放在滑坡范围内。

8.6.7 灌注桩身混凝土应符合下列规定:

1 灌注前,应检查断面尺寸、清洗混凝土护壁。

2 钢筋笼搭接接头不得设在土石分界和滑动面处。

3 灌注应连续进行。

8.6.8 桩间支挡结构及与桩相邻的挡土、排水设施等,均应按设计要求与抗滑桩正确连接,配套完成。

8.6.9 抗滑桩设置声测管应符合下列规定:

1 声测管应采用焊接或绑扎固定在钢筋笼内侧上,管间保持平行。

2 声测管应随钢筋笼分段安装,接头牢固,套接管的两端用胶布缠绕密封。

3 钢筋笼放入桩孔时应保证管体竖直,管壁平顺无变形,管内畅通无异物。

8.6.10 抗滑桩施工质量应符合表8.6.10的规定。

抗滑桩施工质量标准　　　　表8.6.10

项次	检测项目	规定值或允许偏差	检测方法和频率
1	混凝土强度(MPa)	在合格标准内	《公路工程质量检验评定标准　第一册　土建工程》(JTG F80/1)附录D
2	桩长(m)	不小于设计值	测绳;每桩检测

续上表

项次	检测项目		规定值或允许偏差	检测方法和频率
3	孔径或断面尺寸(mm)		不小于设计值	探孔器或尺量:每桩检测
4	桩位(mm)		+100	全站仪:每桩检测
5	竖直度(mm)	钻孔桩	1%桩长且不大于500	测壁仪或铅锤法:每桩检测
		挖孔桩	0.5%桩长且不大于200	铅锤法:每桩检测
6	钢筋骨架底面高程(mm)		±50	水准仪:每桩测骨架顶面高程后反算

8.6.11 桩板式抗滑挡墙施工应符合下列规定:

1 桩身混凝土应达到设计强度后方可安装挡土板,挡土板安装时,应边安装边回填,并做好挡土板后的排水。

2 当桩间为土钉墙或锚喷支护时,桩间土体应分层开挖、分层加固;当锚固桩上部设有多排锚索(杆)时,应待上一排锚索(杆)施工完成后,才可开挖下一层的桩前土体。

3 锚索(杆)桩板式路堤挡土墙,应严格控制墙背填土的压实度,压实时不得直接碾压锚索(杆)。

8.6.12 抗滑桩施工采用钻孔灌注桩施工工艺时,应执行现行《公路桥涵施工技术规范》(JTG/T 3650)。

8.7 柔性防护网系统

8.7.1 主动防护系统施工应按钻孔、安设锚杆、安装纵横向支撑绳、挂网、缝合的工序进行,并符合下列规定:

1 锚杆孔位应准确,局部坡面凹陷处应增加锚杆,保证防护网紧贴坡面。

2 个别孔位因岩质疏松、破碎不能成孔时,应凿除松散部位,并用强度不低于C15的混凝土回填。

3 纵横向支撑绳应与锚杆外露环套逐个连接固定,安装后应拉紧,使其紧贴坡面。

4 挂网应从上向下进行,并应保证网间的重叠宽度和缝合满足要求。柔性防护网分两层时,应先挂小孔径网,后挂大孔径网。

5 缝合应从上向下进行,缝合应牢固,缝合绳应与网绳固定联结。

6 安装完毕后,应检查钢绳网与山体之间贴合是否紧密。局部与岩体间隙过大时,应在相应部位增设锚杆。

8.7.2 被动防护系统应按施工地脚锚杆、安设钢柱和锚杆、安设支撑绳及附件、挂网的工序进行,并应符合下列规定:

1 钢材应进行防腐处理。

2 钢柱和锚杆基础应准确放样。

3 钢柱安置位置、角度应满足设计要求。

4 支撑绳安置完成后应用绳卡等附件固定牢固,侧拉索的安设应在上拉绳安装好后进行。下支撑绳应紧贴地面,无缝隙。

5 柔性网挂好后应用缝合绳固定,网底边应紧贴地面,无缝隙。

9 改(扩)建路基

9.1 一般规定

9.1.1 改(扩)建路基施工时,施工单位应根据国家和行业现行有关标准的规定及设计要求做好必要的安全防护措施,确保既有道路的安全稳定。

9.1.2 应采取有效的工程措施,减少拼宽路基与既有路基之间的差异沉降,并确保新旧路基结合的整体性。

9.1.3 施工图设计阶段应在既有路基、拓宽(高)边坡、(高)填方、路基构造物等稳定性薄弱部位设置重点监控断面(沉降、位移监测),由施工单位、监理单位和第三方监测单位分级管控,加强施工过程中既有路基、(高)边坡、(高)填方、路基构造物等安全稳定性监测。

9.1.4 施工图设计阶段,设计单位应结合既有道路和沿线地方道路做好临时便道规划,两侧拼宽时临时便道宜在既有路两侧双向设置。软基处理段落,不宜采用拼宽路基作为临时通道。

9.1.5 设计单位应充分收集既有路基的竣工文件及养护等相关资料,并提供给参建单位。

9.1.6 施工单位施工前应对既有路基填料、反压护道、支挡结构、工后沉降数据、维修养护等进行核查,若与设计图纸不符,应及时通知监理单位、设计单位、建设单位,调整施工方案或设计方案。

9.1.7 施工单位应做好路基施工期间临时排水总体规划和建设,临时排水设施应结合永久性排水设施综合考虑,与工程影响范围内的自然排水系统相协调。

9.1.8 结合改(扩)建工程特点,鼓励施工单位采用新技术、新材料、新设备、新工艺,提升路基拼接施工质量。

9.2 场地清理

9.2.1 砍伐林木时,应采取有效防护措施防止林木侵入既有行车道。

9.2.2 既有路基内的(成林)树干及主根宜根据施工进度、工程特点,按台阶分批次清理;开挖的树坑应及时回填压实,无法挖除的根系宜采取灭活措施处理。

9.2.3 施工单位应对结构物有序拆除并充分利用,不得随意丢弃。

9.2.4 对原有结构物的地下部分的挖除,开挖深度和范围应符合设计或规范要求。

9.2.5 采用爆破(指静态爆破)或其他作业拆除原有结构物、障碍物,可能损伤新建结构物时,宜在新建工程动工之前完成。

9.2.6 对旧排水沟及边沟的拆除,应按照施工进度安排,分段落、逐段实施;雨季时应做好必要的过渡衔接;暂未施工段落,宜尽量保留或疏通原有排水系统。

9.2.7 施工单位在拆除既有结构物(如桥台、挡土墙、八字墙等)前,应按照设计或安全评估报告要求,对受拆除影响的范围采取(如钢板桩、喷射混凝土、钢花管注浆等)临时防护措施,关键或安全薄弱部位应设置监测点观测既有道路沉降和位移,防止既有道路失稳。

9.3 软土地基

9.3.1 拼宽路基一般采用清淤换填、水泥搅拌桩、素混凝土桩、钢管桩、预应力混凝土管桩(方桩)等复合地基、挤密、支撑类桩体等处理方案,不宜采用塑料排水板、真空预压等排水固结类处理方案。

9.3.2 软基大面积施工前,应由建设单位会同设计、监理、检测等单位组织施工单位进行拼宽路基软基处理试验段施工,动态调整软基施工方案,总结并确定相关施工工艺和参数。

9.3.3 邻近建筑物、电塔、桥梁桩基等路段的软基处理施工,应选择挤土效应小的施工工法或工序,减少软基处理施工对邻近构筑物的影响。

9.3.4 采用清淤换填方案进行软基处理时,应分段快速施工,施工期间应加强既有路基稳定性监测。

9.3.5 对仍有排水需求的旧路软基砂垫层、砂沟等,拼宽路基应设置相应排水设施顺接。

9.4 路基拼接

9.4.1 改(扩)建工程路基拼接施工前,应完成以下工作:

1 拼宽段原路基的病害处理(如原路基不均匀沉降、桥头路基沉陷等)。

2 拼宽段的特殊路基处理(如砂砾垫层、软土地基等)。

3 拼宽段路基基底处理(如强夯、重夯等)。

4 原路基结构物的防护加固。

5 临时排水设施(如原道路涵洞、通道的排水等)。

9.4.2 台阶开挖验收应纳入工序检验程序中,并完善质检资料。

9.4.3 既有路基台阶开挖前,宜在必要路段(如软基路段、高填方、支挡工程等)设置沉降、位移监测点,定期观测施工期间既有道路稳定情况。

9.4.4 填砂路基削坡厚度应经过现场钻孔或局部挖验测定,如超挖造成填砂路基外露,应马上回填包边土或喷射混凝土防护,不得长时间暴露。

9.4.5 台阶开挖方式应根据既有路路基填料种类、稳定性合理选择,开挖前应撒灰线,从既有路堤坡脚向上开挖,拼宽路基填筑至第一层台阶后,再进行第二层台阶的开挖,以此类推;拼宽路基每填高1.5~2m,应采用液压夯实机等设备进行碾压补强。

9.4.6 台阶开挖时,若既有路堤出现渗水,须及时上报监理单位、设计单位、建设单位进行方案调整,处理后方可继续施工。

9.4.7 台阶开挖后,应将松散土体、树根等清理干净,并采用小型压路机压实,局部沉陷的坑槽、急流槽、树根等挖除后的坑穴可采用石屑或素混凝土回填。

9.4.8 台阶开挖后,为防止开挖面受雨水冲刷或者遭受日晒使砂土失水松散、崩塌,可喷射砂浆或混凝土作为坡面临时保护。

9.4.9 拼宽段挡墙或涵洞基础开挖侵入既有道路路基时,应当采取防护(加固)措施,避免既有路基失稳。

9.4.10 既有道路路侧护栏拆除前,应在既有硬路肩设置隔离设施。

9.4.11 拼宽路基施工期间,应沿既有路硬路肩砌拦水埂,雨水汇入既有路路基坡面急流槽排出;旧急流槽失效后,应采取措施按照原防护排水通道设置临时引水通道。

9.4.12 路基填筑应加强与既有路基台阶结合处的碾压,并碾压到边。

9.4.13 高填方路段的边坡台阶开挖,应进行路基稳定性评估后实施,台阶开挖后及时进行路基填筑,降低既有路基坡体侧移风险。

9.4.14 既有路基内不宜拆除的支挡结构应做好排水接长处理。

9.5 轻质土路堤

9.5.1 新旧路衔接的台阶处(路床部分)应设置纵向排水盲沟(管),应注意盲沟(管)与既有排水设施衔接,并在盲沟(管)最低处设置引水管排水。

9.5.2 既有路堤与泡沫轻质土交界的坡面,清理厚度宜不小于0.3m,从既有路堤坡脚向上按设计要求挖台阶。土体台阶应密实、无松散物。泡沫轻质土浇筑应采用分层分块方式,不宜沿公路横向分块浇筑。纵向填挖结合段,应合理设置台阶。

9.5.3 既有道路桥台的临时防护设施(如钢板桩、挡土板等),应在轻质土施工后拔出,如拔出临时防护设施会危及结构安全,经监理单位、设计单位、建设单位现场确认,可埋设于轻质土内,但应做好路基结构顶面连续性、整体性处理。

9.6 路堑高边坡

9.6.1 开挖过程中,高边坡平台可采用钢管+竹排架组合等措施进行防护,采取临时封闭硬路肩等措施拦阻落石进入既有道路行车道。

9.6.2 施工单位对石方路堑开挖应遵循尽量不爆破的原则,如石方开挖必须采用爆破施工,应使用经安全论证、公安交警等有关部门批准的爆破方案。

9.6.3 石质边坡开挖宜采用机械、气体膨胀破岩法、静态爆破等方法施工;对边坡大孤石宜采用绳锯切割成小块,再机械分解破碎。

9.7 排水工程

9.7.1 拆除既有排水设施前,临时排水沟、急流槽槽口应采用临时聚氯乙烯(PVC)管等接入排水系统。

9.7.2 路基拼宽施工过程中,发现设计遗漏的横向排水管时,应及时上报监理单位、设计单位、建设单位确定相关处理方案。

9.7.3 改(扩)建路基超高段路床顶面宜设置纵横向碎石盲沟,及时排除超高内侧路基积水。

9.7.4 扩建拼宽为路肩挡土墙、轻质土挡墙时,应永临结合设置排水设施,避免交通转换过程中临时通车路面排水不畅。

10 路基整修与交验

10.1 一般规定

10.1.1 路基应全断面交验,所移交路槽段落内的边坡防护、绿化等附属工程应全部完成,如图 10.1.1 所示。

图 10.1.1 路基全断面交验效果

10.1.2 应按照要求完成所有路基工程,并按照《公路工程质量检验评定标准 第一册 土建工程》(JTG F80/1)全面检测路基,对检测发现的缺陷进行整修、处理。

10.1.3 应清除路基工程施工过程中所产生的建筑垃圾。

10.1.4 对路堤边坡的冲刷、路堑边坡的滑塌等病害的处置,应先开挖成台阶,再按路基施工要求分层夯实。

10.1.5 永久性排水系统的沟、槽,表面应整齐,沟底平顺,截水沟、排水沟、边沟沟底纵坡、高程符合设计且无阻水、积水现象。

10.2 路基整修

10.2.1 路基整修前,建设单位、监理单位、施工单位应联合对路基宽度、平面位置、纵断面高程、横坡坡度及边坡坡率等进行全面检查,交验前应全部整改完成检查存在的问题。

10.2.2 整修后的坡面应美观、牢固,坡率符合设计要求,不得亏坡;护坡道整齐稳定。

10.2.3 路基的顶面路拱、宽度、线形应符合设计要求,表面应平整、密实、无局部坑洼,曲线应圆滑,边线应顺直。

10.2.4 土质路基应用机械刮土的方法整修成型,配合压路机碾压;补填的土层压实厚度应不小于10cm;距顶面高程小于10cm的不得填土,由路面施工单位采用基层料回填,压实后表面应平整,不得松散、起皮。

10.2.5 石质路基表面应用石屑嵌缝紧密、平整,不得有坑槽和松石,不得薄层贴补;路床顶面高程超出设计部分应凿除,超挖部分应用路面基层材料回填并碾压密实。

10.2.6 截水沟、排水沟及边沟侧面、边坡坡面等各表面应拍打密实。

10.2.7 应检查边坡植草存活率,不满足设计要求的应及时进行补种。

10.3 路基整体交验

10.3.1 交工验收前,应恢复施工段内的导线点、水准点,以及验收中要求和可能需要的其他标志桩。

10.3.2 施工单位自检合格、监理单位复核无误、质检机构抽检合格后进行路基移交,应由路基、路面、监理、检测、建设单位代表签字确认,移交过程中发现的问题应按规范和设计要求处理。

10.3.3 应按《公路工程质量检验评定标准 第一册 土建工程》(JTG F80/1)所规定的检查项目、方法、频率和设计要求对路基工程进行验收,对台(涵)背回填质量、路基和路面排水系统的衔接、支挡工程等进行重点检查。

10.3.4 土建施工单位将路基移交给路面施工单位后,由路面施工单位负责日常维护并进行交通管制,已移交路基应尽快完成路面水稳层覆盖。

11 路基监测

11.1 一般规定

11.1.1 为规范和协调各有关单位在路基监测中的工作准则,宜由建设单位牵头制订"路基监测管理办法",成立联合监控小组,明确各方(建设、施工、监理、设计、监测单位)管理职责和要求,应明确监测数据的报告与传输、监测断面动态调整、监测预警、监测点保护奖惩措施等相关要求。

11.1.2 路基变形测量基准点、控制网的设置应符合现行《工程测量规范》(GB 50026)和《建筑变形测量规范》(JGJ 8)的有关规定,路基变形控制网宜和施工控制网联测。受基坑和软基路堤影响的房屋、管线、地铁、桥涵等建(构)筑物监测,应符合(国家现行规范及标准《建筑变形测量规范》(JGJ 8)、《建筑基坑工程监测技术标准》(GB 50497)等规定。

11.1.3 路基监测基准点应设置在稳定、不易变形的位置,对路基监测埋植的观测点应标记清楚,通视良好,施工单位应采取有效措施对现场所埋设的仪器与测点进行保护。

11.1.4 路基监测宜选择专业单位负责,路堤高度大于天然地基极限填土高度的路基变形宜由第三方监测。

11.1.5 路基监测资料应定期进行收集整理、汇总分析,用作指导现场施工的依据;在雨季、冬季不利季节应加大监测频率,发现问题及时处理。

11.1.6 施工单位应有专门人员对监测资料进行日常管理,监测资料真实完整。建设单位应组织监理单位、第三方监测单位不定期对施工单位监测资料进行检查。

11.1.7 鼓励采用自动化监测和预警新技术。自动化监测系统要紧密结合边坡实际情况,结合相关技术的发展,注重实用性、可靠性、先进性、可操作性、易维护性、完整性和可扩容性等几个原则。

11.2 软土路基监测

11.2.1 鱼塘路段填土和鱼塘排水过程应严密监测,出现异常情况施工单位应立即停止填土,同时向监理单位和建设单位汇报,及时制订处理措施。

11.2.2 软土路基监控应利用仪器量测、现场巡查等手段,可采用自动化监测手段。

11.2.3 除参照设计和合同文件要求外的软土路基监测等级、监测频率、监控项目、观测点布置、卸载时间、工后沉降预测等,应符合现行《软土地基路基监控标准》(GB/T 51275)规定。

11.2.4 路基稳定性报警值除满足设计要求外,应符合现行《软土地基路基监控标准》(GB/T 51275)要求,两者取值不一致时,应以要求高者为准。

11.2.5 软土路基预压期内施工单位应进行高程测量,前3个月每月一次,以后每2个月一次,监理应对高程进行抽查,沉降超过20cm的路段,施工单位应及时补土。

11.3 高路堤监测

11.3.1 高路堤监测应包含地表水平位移量、地下土体分层水平位移量及路堤沉降量或隆起量监测。

11.3.2 观测点位置应按设计要求布置,同时结合现场实际情况进行动态调整。

11.3.3 监测过程中,出现异常情况时,应立即进行检查、处理。施工期间每3d监测一次,施工期间土方填筑速度较快时,监测频率应调整为每1~2d监测一次,雨季加密。施工结束后前3个月,每周监测一次,雨季期间加密;3个月后每月监测一次。

11.4 路堑边坡监测

11.4.1 合理制订边坡动态监测内容、监测点(孔)、监测时间和监测频率,随工程进展情况做好动态调整,边坡开挖前应先埋设观测点,并做好保护。

11.4.2 坡体监测应符合下列规定:

1 路堑边坡监测应包含地表变形监测(如水平位移监测、垂直变形监测、裂缝监测等)、地下位移监测、地下水位监测、支挡结构变形及应力监测。

2 观测点位置应按设计要求布置,同时结合现场实际情况进行动态调整。

3 施工期间每3d监测一次,施工期间土方开挖速度较快时,监测频率调整为每1~2d监测一次,雨季应加密。施工结束后前3个月,每周监测一次,雨季期间加密;3个月以后每月监测一次。

11.4.3 抗滑桩监测应符合下列规定:

1 应选择有代表性的抗滑桩进行监测,抗滑桩的监测项目应包含桩顶位移、土压力、钢筋内力、混凝土应变及锚索荷载监测等。

2 抗滑桩监测项目监测频率应符合表 11.4.3 的规定。

抗滑桩监测项目监测频率　　　　　　　表 11.4.3

监 测 项 目	仪器埋设后的时段	埋设初期监测频率	施工期监测频率
桩顶位移	24h 内	3 次/d	1 次/旬
	5~15d	1 次/d	
	15d~1 个月	1 次/周	
	1 个月之后	1 次/月	
钢筋应力	24h 内	3 次/d	1 次/旬
	5~15d	1 次/d	
	15d~1 个月	1 次/周	
	1 个月之后	1 次/月	
混凝土应变	24h 内	3 次/d	1 次/旬
	5~15d	1 次/d	
	15d~1 个月	1 次/周	
	1 个月之后	1 次/月	
土压力	24h 内	3 次/d	1 次/旬
	5~15d	1 次/d	
	15d~1 个月	1 次/周	
	1 个月之后	1 次/月	
锚索应力	24h 内	3 次/d	1 次/旬
	5~15d	1 次/d	
	15d~1 个月	1 次/周	
	1 个月之后	1 次/月	

11.4.4 锚固工程监测应符合下列规定:

1 锚固工程监测项目应包含锚杆张拉力、锚杆伸长值、预应力损失、锚固体的位移及变化等。

2 锚索张拉锁定后第一个月内每 3d 监测一次;2~3 个月内每周监测一次,4~6 个月内每月监测 3 次,7 个月~1 年内每个月监测 2 次,1 年以后每个月监测一次。在监测过程中,如出现异常情况,应立即进行检查,处理完毕后,方可继续监测。

11.5 边坡自动化监测

11.5.1 自动化变形监测应以工程安全监测为主,根据现场情况选取重要部位布设监测点和安装监测设备,建立 24h 连续自动化监测系统。

11.5.2 自动化变形监测应符合国家和行业现行有关标准的规定。

11.5.3 监测设备现场安装应经建设单位、监理单位、施工单位及监测单位四方现场见证;监测子系统以及基准站子系统底部基座埋设应牢固、稳定,不易受坡体及外部变形影响。

11.5.4 应做好监测设备安全保护措施,避免现场施工及其他因素的破坏影响,如图11.5.4所示;监测设备应设置防雷保护措施。

图11.5.4 自动化监测防护

11.5.5 自动化监测应符合下列规定:

1 自动化监测项目应符合国家和行业现行有关标准的规定并结合边坡现场实际情况合理选取,除位移监测外,还可包括应力应变监测、渗流监测等。

2 自动化监测应按设计或合同文件要求布设监测点,必要时应结合现场实际工况进行布置。

3 监测责任人应通过不同方式实时察看监测数据、灾害预警等信息,建立信息推送平台,将实时监测数据、灾害预警等信息提供给参建单位。

4 应制订相应的自动化监测系统维护管理办法,配备系统维护及监测技术人员。

12 取(弃)土场及水土保持

12.1 一般规定

12.1.1 施工单位进场后应对设计取(弃)土场进行调查,进行多方案比选;取(弃)土场变化对附近环境敏感点(如村庄、学校、医院、鱼塘、河道、既有公路、铁路、自然保护区等)或公路主线存在不利影响时,应提前告知建设单位和设计单位。应遵循实事求是的原则,按有关规定开展取(弃)土场和水保方案变更。

12.1.2 取(弃)土场的选址、规模和防护,应进行深入论证;取(弃)土场的设置位置应考虑对景观的影响,注意避让沿线风景区游人的可视范围,宜在司乘人员的视线范围以外。

12.1.3 不得在崩塌和滑坡危险区、泥石流易发区内设置取(弃)土场;在地面横坡陡于1∶5的路段,路堑顶部高侧不得设置弃土场;不得在对重要基础设施、人民群众生命财产安全及行洪安全有重大影响的区域布设取(弃)土场。

12.1.4 取(弃)土场应坚持节约用地,减少对土地的扰动和破坏,原则上按环评、水保及其批复的选址施工。当原选址不能满足工程需求而应另行选址时,选址应符合下列规定:

1 应结合土地利用规划,重视土石方调配,在技术经济比较的基础上,合理选择取(弃)土场位位置及取(弃)土方式;减少施工和取(弃)土场用地;不得侵占基本农田。

2 取(弃)土场位置的选择要与当地政府部门特别是水利部门密切沟通。取土场宜选择在植被稀疏的丘陵、山包等荒地、荒坡;弃土场宜选择在储量大、地形低的洼地,或不易受水流冲刷的荒沟、荒地或低产田地,并分级填筑弃土。

3 取(弃)土场宜远离建筑物、管线等生活生产设施,不应影响其安全;在可能蓄水或集水时,应合理地设置排水沟和截水沟。

4 取(弃)土场与生活生产设施间应留有安全防护距离,边缘距离取(弃)土场边缘应大于2倍的堆渣高度。

5 不应在基本农田区、林地,以及可能导致地质灾害或路基病害的区域设置取(弃)土场;不得在泥石流沟、滑坡体上缘等位置设置弃土场。

6 取(弃)土场宜选择在地表植被生长差的地方并集中设置,施工结束后应及时绿化,覆土造田或考虑其他综合利用。

7 宜对取(弃)土场占用地区表土进行剥离,临时堆存于场内空地,后期回覆于表面改良土壤,或利用部分主线剥离表土复绿,为植被生长创造条件。

12.1.5 涉及占用林地的,应预先办理临时用地使用林地手续。

12.1.6 建设单位和施工单位应积极推进取土、弃土与改地、造地、复垦综合措施。

12.1.7 宜结合现场实际对取(弃)土场进行综合利用,利用应注意下列规定:

1 取土场经评估可作为拆迁安置区用地,利用弃方可做观景台、填平反压区、改路填方、填平山坳或土地整治等。

2 弃置的高液限土、开挖的软土可用作绿化用土,以减少对土地的占用。

3 做好施工组织计划,合理安排工期,将临近隧道的填方路基安排在隧道后面开工,宜利用隧道弃渣填筑路基,减少废方数量。

4 取(弃)土场施工过程应做好临时排水,坡面(表面)采用草灌结合进行绿化,监理工程师应对施工方案的落实情况进行检查。

12.1.8 施工单位应制订完善的取(弃)土场方案,报总监办审批后实施,建设单位、设计单位等相关单位应参与审查。监理工程师应加强巡查,督促落实,对于施工单位未按方案施工或防护不及时的,应采取有效处理措施;建设单位(或委托水土保持监测单位)应按要求向水利厅、地方水务局等有关部门报送水保监测报告。

12.1.9 取(弃)土场应设置完善的排水系统,确保场地、周边区域排水畅通。

12.1.10 进一步加强取(弃)土应急处置工作,建设单位应组织设计单位、施工单位、监理单位定期开展取(弃)土场的隐患专项排查整治工作。

12.2 取土场

12.2.1 依据设计文件对取土场进行现场核查,核查选址、土质是否符合要求,储存数量是否满足需求,对取土方案以及防护、排水工程进行完善、优化。

12.2.2 荒山、荒坡作为取土场时,应做整体规划,详细制订施工方案,按照用量科学取土,不得滥挖,外形轮廓美观、整齐,及时复垦、绿化、防护。

12.2.3 路线两侧的取土场选址,应符合现行相关标准和规范的规定,取土深度根据用土量和取土面积确定;取土场应有规则的形状及平整的底部,不积水,便于复耕或绿化,边坡应按设计坡率修整。

12.2.4 取土场应设置截水沟,防止地表水汇入取土坑,取土坑内应设置完善的排水沟和集水沟,取土坑内汇水应可自然排出,周边应设置安全警示标志和必要的围挡设施。

12.2.5 取土时应注意环境保护,取土后的裸露面应按设计采取土地整治或防护措施;风景区或有特殊要求的施工地段,应按批复及设计要求及时完成环水保工程。

12.2.6 取土场原地面属于耕地种植土的,应先挖出集中堆放,工程完工后用作回填,恢复植被。

12.2.7 取土场宜利用荒山、山地,兼顾农田、水利建设和环境保护。取土完成后,按照国土资源管理部门要求,做好场地覆土复耕或植被恢复。

12.2.8 取土应有序进行,不得随意开挖,应从上往下分层、分台阶挖取。边坡坡率内侧宜为1:1.5,外侧不宜小于1:1。

12.3 弃土场

12.3.1 弃土场应按照"先挡后弃"的原则组织施工,不得超出弃土场范围;弃土场弃土应分层碾压夯实、分级堆载,分层堆放厚度不大于2m,碾压压实度不小于0.9;渣体分级高度不大于8m,分级平台不小于2m,最大边坡高度不大于20m,边坡坡率不陡于1:1。

12.3.2 应按因地制宜原则,视地形条件就近消化弃土;弃土场宜选在山沟、凹地内,不得侵占基本农田。

12.3.3 弃土场的选择应符合下列要求:

1 不得在岩溶漏斗、暗河口、泥石流沟上游及贴近桥涵结构物、桥墩台弃土、弃渣。

2 沿河岸或傍山路堑的弃土,不得弃入河道、挤压桥孔或涵管口、改变水流方向和加剧对河岸的冲刷等,必要时应设置挡护设施。

3 不得向江、河、湖泊、水库、沟渠弃土、弃渣。

4 上游汇水面积过大的沟、谷和村庄上游不宜设置弃土场。

12.3.4 弃土场占用沟渠时,应对沟渠进行改道,并设置防冲刷设施。

12.3.5 弃土场高度应保证路堑边坡、山体和自身的稳定,不得影响附近建筑物、农田、水利、河道、交通和环境等,结合周边的地形地势,形成综合性的排水系统和完善的挡护措施。

12.3.6 弃土场堆土前应做好地质勘察、支挡防护设计等工作,防止发生滑坡、泥石流等次生灾害;当弃土场自然地面横坡大于15%、堆渣量超过50万m^3或堆载高度≥20m时,应组织有资质的第三方单位进行安全性论证。

12.3.7 弃土作为路基反压护道时,弃土宜与路基同步填筑,为路基整体稳定性、行车安全提供保证,并能减少防护工程数量。

12.3.8 弃土应堆放规则,不得随意倾倒,按要求进行整平、分级分层碾压(边坡坡率不大于设计坡率),及时进行排水、防护、绿化施工或复垦。

12.3.9 监理单位应组织施工单位、设计单位、监测单位及建设单位,合理制订弃土场的动态监测方案。

12.3.10 弃土结束后应进行全面整治,对边坡和平台进行初步整平,根据边坡集水面积,完善排水措施;待边坡初步稳定后,对坡面进行削凸填凹。应对裸露区域进行复绿,并加强抚育,充分发挥植物固土、保水的能力。弃方为石质时,应与覆土、复耕相结合,弃渣场表面覆盖不少于设计厚度(设计无明确要求时按80cm)的土,用于复绿。

12.3.11　建设单位应组织成立弃土场验收小组,对已施工完毕的弃土场进行验收,验收小组由建设、监理、设计、施工等单位的人员组成,并可视具体情况邀请当地政府及有关部门参加。

12.3.12　弃渣场使用期限截止且满足地方要求后,应移交给地方相关单位或人员,并签订移交协议。

12.4　水土保持

12.4.1　应严格执行执行我国水土保持工作"预防为主、保护优先、全面规划、综合治理、因地制宜、突出重点、科学管理、注重效益"的方针,落实水土保持"三同时"制度,即水土保持工程与主体工程同时设计、同时施工、同时投产使用。

12.4.2　建设单位应将水土保持工程纳入主体工程同步管理。招标文件和施工合同中明确水土保持工程管理相关条款,并建立考核评比制度体系,以促进水土保持工程质量、进度等管理与主体工程同步落实。

12.4.3　监理单位应将水土保持工作纳入主体监理工作同步开展,对水保工程进行全过程监理,每月应编制水土保持监理工作报告,内容可并入监理月报。

12.4.4　自施工准备期开始,建设单位应组织开展水土保持监测工作。监测工作应按照水利部水土保持监测相关规范和已批复水土保持方案要求开展。建设单位应按照水行政主管部门要求,按时向省水利厅、沿线市、县水务部门、水土保持监测站等管理部门报送监测报告。

12.4.5　施工单位进场后,应对全线及周边地貌进行调查,水土流失防治区域内存在未知环境敏感点、水土保持防治措施设计不足、对周边环境有不利影响因素等情况时,应及时告知建设单位和设计单位。建设单位和设计单位应根据实际情况,及时进行设计优化,满足水土保持治理工作要求。

12.4.6　项目地点、规模[如取(弃)土场等工程]较已批复水土保持方案发生重大变化时,应根据水利部、水利厅水土保持变更相关文件要求,及时办理水土保持方案变更审批手续,并报原水土保持方案批复单位审批。如确需占用耕地、林地的,应先办理用地手续。

12.4.7　临建工程应优先考虑永临结合,尽量减少土地扰动,节约土地资源,如图12.4.7所示。施工单位应加强周边建筑环境调查,尽量利用沿线闲置场地、既有场地、已有房屋等建筑物;也可结合项目施工计划,充分利用项目建设用地范围内的土地建设临建工程;或结合地方需求,临建工程使用完成后移交给地方。

12.4.8　施工单位应编制施工便道专项方案,并组织专家评审,建设单位、设计单位、监理单位等相关单位应参与。评审情况应报监理单位、建设单位备案。施工便道宜充分利用地方既有道路、硬化地等,具备条件可采用永临结合方式的,应充分征询地方意见。已有道路改造和新建便道的施工应严格控制便道宽度,减少占用土地、少破坏植物。对不再使用且无法继续利用的施工便道,施工单位应予以拆除,并进行复耕或复绿。对于地方要求保留利用的施工便道,应对被破坏和占压的道路采取恢复措施,并与地方相关单位签订移交等相关协议。

图 12.4.7　预制梁场与路基综合使用

12.4.9　施工单位应在施工准备阶段将施工场地划分汇水单元,布置施工场地临时截、排水系统,清水截排、泥水沉淀。路线穿越农田、道路、水源保护区等环境敏感区域时,汛期应对裸露的区域应进行临时苫盖,防止雨水冲刷造成水土流失。

12.4.10　施工的开挖宜根据原地形地貌采用流线型开挖方式,减少施工创面,避免过度开挖,保护用地范围内植被完整,如图 12.4.10 所示。对长期裸露土地,应进行临时苫盖。施工完成后应最大限度地恢复自然景观,充分顺应周边环境。

图 12.4.10　边坡弧化处理

12.4.11　施工扰动区域不再占用且具备条件时,应及时进行土地整治,并恢复植被,如图 12.4.11 所示。

图12.4.11　桥下空间修整与复绿

12.4.12　三改工程应遵循实事求是的原则，充分调查并加强与地方政府和群众的沟通协商，结合地方水系和道路走向，采取动态设计方式，与主体工程同步完成。确难以同步完善的，应设置临时三改措施以满足地方生产生活需要。

12.4.13　施工生产及生活产生的废水、废渣，不得直接排入地方水系或堆放在河流、沟渠等水体附近。施工单位应根据现场汇水情况设置简易排水沟，排水沟末端设置沉淀池，临时排水设施应结合永久排水系统综合布设。经处理净化后的生产生活废水，尽量用于施工降尘和绿化。

12.4.14　水土保持设施质量合格且运行一段时间后，建设单位应组织设计单位、监理单位、施工单位等开展水土保持自查初验工作。水土保持设施满足竣工验收条件后，建设单位应组织相关单位开展水土保持自验收工作。

附录A

四新技术

A.1 无人机土石方测量施工工艺

通过无人机采集高清影像数据,如图 A.1 所示,并使用专业数据处理软件生成加密点云,实现至少 1cm 一个高程数据,准确模拟地形,土石方量测理论误差明显减小。其工艺流程为:像控点布设→控点测量→航线设计→航摄作业→数据处理→质量评估→土石方计算。无人机测量有以下方面的优势:①作业效率高,测量精度高;②飞行前准备工作少,对起降场地要求不高,超低空飞行,不受云层影响,费用低;③影像资料便于储存和查阅,能对工程进度和质量进行可视化追溯,也可以作为宣传素材使用。

图 A.1 无人机测量

A.2 自动化监测

自动化监测系统,如图 A.2 所示,利用我国北斗系统在本区域观测卫星多空间、结构强等特点,能大幅度提高监测精度,同时还实现在无 GPS 信号下,利用北斗卫星导航系统提供持续高精度的变形监测。自动化监测系统可以根据工程的实际应用需求进行优化设计,实现为边坡监测提供水平 1～2mm,高程 3～4mm 的高精度形变监测服务。系统内置自动化形变危险预警模块,设定了三级安全阈值,根据不同预警级别分别通过短信、邮件、电话等形式通知监测管理员和建设单位,保证在形变发生第一时间将信息传递至有关单位,避免人员伤害和财产损失。

 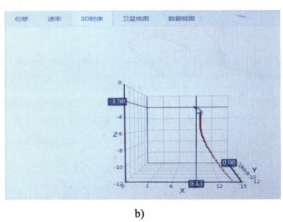

a)   b)

图 A.2 自动化监测系统

A.3 智能碾压设备

配备振动传感器、行走记录仪的智能碾压设备,如图 A.3 所示。在路基填筑碾压过程中将振动压路机作为加载设备,根据土体与振动压路机相互动态作用原理,通过传感器传输连续量测振动响应信号,建立检测评定与反馈控制体系,实现对整个碾压面压实质量的实时动态检测与控制。

A.4 台背抽芯

台背回填采用抽芯检测方法,如图 A.4 所示,可对回填质量进行有效控制;在回填过程中可在每层填土之间铺设土工布进行分层,通过台背抽芯检测的芯样可辅助判断压实厚度和填料是否合格;通过标准贯入试验,可以辅助判断压实度。

附录A 四新技术

a)

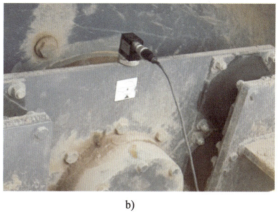
b)

c)   d)

图 A.3 智能碾压设备

a)

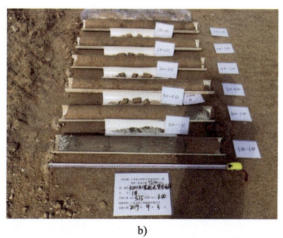
b)

图 A.4 台背分层碾压及抽芯

67

A.5 "爬山虎"物料运输机

"爬山虎"物料运输机如图 A.5 所示。在传统升降机的基础上增加了车轮和轨道后,有效地避免传统材料运送存在的安全风险大、成本高的问题,"爬山虎"物料运输机成本低,易安装,可以快捷、经济、安全地运送材料。

a) b)

图 A.5 "爬山虎"物料运输机

A.6 边坡刻槽机

铣挖机刻槽设备,如图 A.6 所示。按铣挖盘的方向不同,可分为横向铣挖机和纵向铣挖机两种系列,根据铣挖头直径、宽度等不同,适用于各种防护结构的基槽开挖。路基防护砌筑工程为劳动力密集型工程,基槽开挖受坡面坡率、土质等影响,施工效率较慢,大大增加了防护工程的工期。基槽开挖质量受施工人员自身质量意识影响大,基槽多存在欠挖现象。采用铣挖机刻槽机设备,从根本上解决了基槽开挖工效慢、开挖深度或宽度不符合要求的问题。同时,使用铣挖机替代人工进行边坡防护基槽开挖,排除了工人开挖基槽时的安全风险,从而提高了边坡防护施工的安全性。

a) b)

图 A.6 边坡刻槽机

附录B

质量通病及防治

B.1 路基压实度不足

B.1.1 主要原因分析

1 填料指标不满足规范及设计要求。
2 土场土质种类多,出现异类土壤混填;尤其是透水性差的土壤包裹透水性好的土壤,形成水囊,造成弹簧现象。
3 含水率与最佳含水率偏差过大,造成弹簧现象。
4 填土松铺厚度过大。
5 没有对上一层表面浮土或松软层进行处治。
6 路基填筑宽度不足,未按超宽填筑要求施工。
7 压路机吨位偏小。
8 碾压不均匀,局部有漏压现象。
9 沉降观测点周围碾压不足。
10 压实机具碾压不到边。
11 路基边缘漏压或压实遍数不够。

B.1.2 防治措施

1 不得使用含草皮、生活垃圾、树根和腐朽物质的土;淤泥、强膨胀土、有机质土及易溶盐超过允许含量的土,不得直接用于路堤填筑;需要使用时,应采取措施处理,经检验满足要求后,方可使用。
2 清除碾压层下软弱层,换填良性土壤后重新碾压。
3 施工单位应严格控制填料的含水率,含水率应控制在最佳含水率的±2%内;施工单位、监理单位、检测单位定期检测含水率,建设单位不定期进行抽查。
4 填方路基应分层填筑,填筑厚度不得大于试验段总结批复的厚度。平纵坡应符合设计要求，以免影响填筑和碾压质量，若原地面不平，应由最低处分层填起。

5　施工测量放样后，施工单位可用白灰标识好设计边线。路堤两侧填土应超宽填筑50cm，压实宽度不得小于设计宽度，以确保修整路基边坡后的路基边缘有足够的压实度；设计边线和超宽50cm边线可撒白灰标识。

6　对产生"弹簧"的部位，可将湿土翻晒，拌和均匀后重新碾压；或挖除换填含水率适宜的良性土壤后重新碾压。

7　施工单位碾压前应对已推平土层的松铺厚度、平整度进行检查，监理工程师验收合格后方可碾压；碾压时直线段路基采用两边向中间碾压的方法施工，曲线段由内侧往外侧碾压；碾压应达到无漏压、无死角、均匀。

8　高路堤宜每填筑2m冲击补压一次，或每填筑4~6m强夯补压一次。为保证路基宽度，填筑时路堤应超宽填筑；当地形受征地限制无法加宽时，可采用振动压路机对路堤边缘2~3m加大压实遍数。

9　路基填筑过程中应计算总沉降量，根据总沉降量控制路基填筑宽度和填土压实度，避免路基交验宽度不足或路基顶部压实度不足。

10　应提高路基边缘带压实遍数，确保边缘带碾压频率不低于行车带。

11　每填筑2m高，边坡应进行刷坡整修；刷坡前，施工单位应准确测量放好边线桩位，打桩并撒灰线；路基宽度、中线偏位应经监理工程师验收，合格后施工单位方可进行刷坡修整，坡率用坡度尺控制。

B.2　路堤边坡滑塌

B.2.1　主要原因分析

1　设计对地震、洪水和水位变化影响考虑不充分。
2　路基基底存在软土且厚度不均。
3　换填土时清淤不彻底。
4　填土速率过快；施工沉降观测、侧向位移观测不及时。
5　路基填筑层有效宽度不够，边坡二次贴补。
6　路基顶面排水不畅。
7　用透水性较差的填料填筑路堤时处理不当。
8　未处理好填挖交界面。
9　路基处于陡峭的斜坡面上。

B.2.2　防治措施

1　路基设计时，充分考虑使用年限内地震、洪水和水位变化给路基稳定带来的影响。

2　软土地基处理应根据地质条件进行动态设计、动态施工，不得盲目施工。施工单位应提前对软基段的地质、水文情况进行核查，如发现与设计不符时，应通知监理单位、设计单位、建设单位到场确认。

3　施工过程中施工单位、监测单位应对软基路段、高填方路段进行沉降观测,施工单位根据监测结果控制填筑速率。

4　加强地表水、地下水的排除,提高路基的水稳定性。

5　及时完成路堤边坡防护工程。

6　减轻路基滑体上部重力或采用支挡、锚拉工程维持滑体的力学平衡;同时设置导流、防护设施,减少洪水对路基的冲刷侵蚀。

7　原地面坡度大于12%的路段,应采用纵向水平分层法施工,沿纵坡分层,逐层填压密实。

8　用透水性较差的土填筑于路堤下层时,应做成4%的双向横坡;如用于填筑上层时,除干旱地区外,不应覆盖在由透水性较好的土所填筑的路堤边坡。

9　高填路堤应采用冲击碾压进行施工;为保证路基宽度,填筑时路堤应超宽填筑;当地形受征地限制无法加宽时,可采用振动压路机对路堤边缘 2～3m 加大压实遍数。

10　路基红线内上下便道口收坡前应严格挖台阶、分层填筑,路基红线内便道填筑材料随路基填筑应及时挖除,报监理工程师验收;施工单位过程中应建立施工台账,监理工程师留存工序验收影像资料。

11　软土地基处理应在白天施工,可采取视频监控措施全过程监控;每个作业区施工单位应配备一名现场管理人员,做好施工过程中的记录,留存影像资料。

12　建设单位可采用抽芯或挖探方式进行换填质量的检验。

B.3　路堑边坡滑塌

B.3.1　主要原因分析

1　边坡土质为砂土、砾土或遇水易失稳的土体,且在设计或施工时采用较大坡率。

2　暴雨、久雨之后,雨水渗入坡体。

3　地表水排除不彻底(如坡顶上截水沟存水、渗水、漏水等),甚至形成积水向下渗透。

4　大爆破施工或施工时路堑开挖过深、过陡。

5　由于坡顶不恰当的弃土等增加较大的临时荷载。

6　坡面防护不及时,防护质量差。

B.3.2　防治措施

1　加强边坡动态设计。加强施工过程的地质和安全性复核,边坡清表后和每开挖一级均应进行多方现场复核,结合开挖后揭示的地质情况和景观绿化需求,及时合理调整优化边坡坡形、坡率、坡面防护和坡体加固措施等。

2　建设单位应组织设计、施工、监理、监测等单位,根据地勘报告和清表揭示的地质情况,确定项目应重点管理的路堑边坡,原则上边坡高度超高20m、地质条件复杂的路堑边坡均应纳入重点管理范围。

3 落实排水先行要求,截水沟或临时沟应在路堑开挖前完成,应尽量提前预制小型构件,在边坡逐级开挖过程中,及时逐级完成坡面排水系统;截水沟迎水面沟顶高程应严格控制,要确保水流顺利进入截水沟。

4 按照"开挖一级,防护一级"的原则,严格施工过程管控,边坡绿化应同步实施。对项目重点管理的边坡,填写边坡工程开挖检查情况表,每开挖、防护一级,监理工程师应组织现场验收,对地质情况进行再判别。

5 石质边坡爆破开挖临近坡面石方原则上采用光面爆破,进行专项爆破设计,光面爆破工程量单独计量、计价,严格按批复方案施工。

B.4 高填方路基沉降

B.4.1 主要原因分析

1 路基填料中混入种植土、腐质土或沼泽土等劣质土,或土中含有未经打碎的大块土等。

2 填石路堤石料规格不一、材质不匀或就地爆破堆积,空隙过大。

3 填筑顺序不当。高填路堤在填筑时,未严格按施工规范要求在全宽范围内分层填筑,填筑厚度不符合规定要求。

4 压实不足。选配压实机具不合理,压实操作不规范,压实度未达到设计要求。

5 在填挖交界处未挖台阶、填挖交接处软土、腐殖土等未清除干净或填筑方式不对及压实不足。

6 施工过程中,路基积水。

B.4.2 防治措施

1 在软弱地基上进行高填方路基施工时,除对软基进行必要处理外,从原地面以上1~2m高度范围内不得填筑细粒土,应填筑硬质石料,并用小碎石、石屑等材料嵌缝、整平、压实。

2 不得使用含草皮、生活垃圾、树根和腐殖土;淤泥、强膨胀土、有机质土及易溶盐超过允许含量的土,不得直接用于路堤填筑,需要使用时,应采取措施处理,经检验满足要求后,方可使用。

3 严格控制填料的含水率,含水率应控制在最佳含水率的±2%内;施工单位、监理单位、检测单位定期抽检,建设单位不定期进行抽查。

4 填方路基应分层填筑,填筑厚度不得大于试验段总结批复的厚度,平纵坡应符合要求,若原地面不平,应由最低处分层填起。

5 施工单位碾压前应对已推平土层的松铺厚度、平整度进行检查,监理验收合格后方可碾压;碾压时直线段路基采用两边向中间碾压的方法施工,曲线段由内侧往外侧碾压;碾压应达到无漏压、无死角。

6 施工过程中施工单位、监测单位应对软基路段、高填方路段进行沉降观测,施工单位根据监测结果控制填筑速率。

7 填石路堤顶面与细粒土填土层之间,应填筑过渡层或铺设无纺土工布隔离层。

8 填挖交界路基应从填方坡脚向上挖台阶,台阶高度应不大于1.0m,宽度应不小于1.0m,并设置向内侧倾斜2%~4%的坡度,路床顶面衔接长度不宜小于5m。

9 高填方路基地基处理应根据地质条件进行动态设计、动态施工,不得盲目施工。施工单位应提前对地基的地质、水文情况进行核查,如发现与设计不符时,应通知监理单位、设计单位、建设单位到场确认。

10 高填方路基宜早开工,避免填筑速度过快,路面基层施工时应尽量安排晚开工,以使高填方路基有充分的沉降时间。

B.5 路基开裂

B.5.1 主要原因分析

1 清表不彻底,路基基底存在软弱层或坐落于古河道处。
2 沟、塘清淤不彻底、回填不均匀或压实度不足。
3 路基压实不均。
4 半填半挖路段、新旧路拼接段处治不当。
5 使用渗水性、水稳性差异较大的土石混合料时,错误采用纵向分幅填筑。
6 改(扩)建工程既有道路因边坡过陡、行车渠化、交通频繁振动而产生滑坡,最终导致纵向开裂。
7 改(扩)建工程新旧路基下地基不均匀沉降。
8 改(扩)建工程拼宽路基施工对既有路基扰动过大或防护不足。
9 改(扩)建工程拼宽路基填筑速度过快。

B.5.2 防治措施

1 应认真调查现场并彻底清表,及时发现路基基底暗沟、暗塘,消除软弱层。
2 彻底清除沟、塘淤泥,并选用水稳性好的材料严格分层回填,严格控制压实度满足设计要求。
3 提高填筑层压实均匀度。
4 渗水性、水稳性差异较大的土石混合料应分层或分段填筑,不宜纵向分幅填筑。
5 若遇有软弱层或古河道,填土路基完工后应进行超载预压,预防不均匀沉降。
6 严格控制路基边坡坡率,符合设计要求,杜绝亏坡现象。
7 半填半挖路段,地面横坡大于1∶5及旧路利用路段,应将原地面挖成台阶并压实。
8 路基红线内上下便道口收坡前须严格挖台阶、分层填筑,路基红线内便道填筑材料随路基填筑须及时挖除。
9 填挖交界段施工时,监理工程师须执行工序验收,须验收每个台阶宽度、内倾坡度,填挖交界面的表土清理,留好工序验收影像资料。

10 严格控制拼宽路基基底施工质量,特别是软基、鱼塘、低洼路段。

11 加筋土工合成材料严格按设计要求设置,防止偷工减料、铺设不规范。

12 改(扩)建工程应加强路基填料质量控制,尽量选用与既有路基相同的填料。

13 改(扩)建工程应加强拼宽路基压实度控制(尤其是拼接部位),宜适当提高压实度标准;拼宽路基每填高1.5~2m,应采用液压夯实机等设备进行碾压补强。

14 改(扩)建工程应加强既有道路路基临时防护(加固)措施,应先防护(加固)既有路基,再进行拼宽路基施工。

15 改(扩)建工程应加强既有道路沉降、位移监测,根据监测数据,合理控制拼宽路基填筑速率。

16 改(扩)建工程应完善临时排水措施,防止雨水渗入新旧路基拼接结合面,使结合部土体强度降低,弱化结合面嵌固效果。

B.6 台背跳车

B.6.1 主要原因分析

1 台后地基强度与桥台地基强度不同、台后填料自然固结压缩。

2 台背路堤及堆坡范围内地基填前处理不彻底。

3 台后压实度达不到标准,高填土路堤本身出现压缩变形。

4 路面水渗入路基,使路基土软化,水土流失造成台背路基下沉;回填不及时积水而引起的台背回填土压实度不够。

5 工后沉降大于设计容许值。

6 台后填土材料不当,或填土含水率过大。

7 软基路段台前预压长度不足,软基路段台背堆载预压卸载过早,软基路段台背处软基处理深度不到位,质量不符合设计要求。

B.6.2 防治措施

1 重视台背地基处理,采用先进的台后填土施工工艺。选用合适的压实机具,确保台背及时回填,回填压实度达到要求。

2 改善地基性能,提高地基承载力,减少差异沉降。保证足够的台前预压长度。连续进行沉降观测,保证台背沉降速率达到规定范围内再卸载。确保台背软基处理深度符合要求,严格控制软基处理质量。

3 有针对性地选择台后填料,提高台背路基压实度。如采用砂石料等固结性好、变形小的填筑材料处理台背填土。

4 严格控制填料的含水率,含水率应控制在最佳含水率的±2%内;施工单位、监理单位、检测单位定期检测含水率,建设单位不定期进行抽查。

5 肋板式桥台先施工承台和肋板,后填土至台帽底,采用机械压实,最后再进行台帽的施工;座板式桥台先填土并用机械压实直至承台顶面后进行钻桩,然后反开挖进行承台施工;柱式台先填土压实直至台帽底,然后钻桩,最后施工台帽;扶壁式桥台及需要反开挖施工的薄壁式桥台台后填土应在架梁完成后进行。

6 台涵背回填时纵向和横向防排水系统应连接通畅。回填过程中,应防止雨水浸泡,回填结束后顶部应及时封闭。

7 台涵背填土应分层填筑;回填前应在台涵背用油漆画好每层厚度标志线或贴刻度线,可采用土工材料进行分层,台背回填每层最大压实厚度不得大于20cm,填筑至设计高程后宜进行液压补强。

8 施工单位应建立台涵背填筑台账,监理工程师应执行工序验收;施工单位、监理单位应留好影像资料;检测单位抽检压实度;台涵背回填到结构物顶高程时,建设单位可采用抽芯方式检测压实度厚度、填料。

B.7 路基亏坡

B.7.1 主要原因分析
1 路基填筑宽度不足。
2 边坡修整不及时。
3 路堑边坡超挖。
4 路堤边坡冲刷。

B.7.2 防治措施
1 路堤两侧填土应超宽填筑50cm,压实宽度不得小于设计宽度,以确保修整路基边坡后的路基边缘有足够的压实度;设计边线和超宽50cm边线可撒白灰标识。
2 每填筑2m高,边坡应进行刷坡整修;刷坡前,施工单位应准确测量放好边线桩位,打桩并撒灰线;路基宽度、中线偏位应经监理工程师验收,坡率用坡度尺控制。
3 路基填筑应按要求做好临时排水设施,包括路拱横坡、拦水埂、临时急流槽(50m一处,应采用水泥砂浆抹面)等,损坏后应及时修复,以免造成路基积水、边坡冲刷。
4 路基出现亏坡现象,应根据亏坡面积采取挖台阶夯填、圬工回填等方式处治。
5 坡面开挖时,应留30cm厚度土以便刷坡;应采用坡度测量仪器对开挖坡面坡率进行复核,确保开挖坡面平顺、曲线圆滑、不欠挖、不超挖。超挖后,应严格按规定的材料和工艺进行回填处理。

B.8 路基及边坡水毁

B.8.1 主要原因分析
1 路堤顶面不平整、横坡不足、排水不畅。
2 路堤水漫流。
3 路基防护不及时。

4 路堑截排水系统不完善。

B.8.2 防治措施

1 落实排水先行要求,截水沟或临时沟应在路堑开挖前完成,尽量提前预制小型构件,在边坡逐级开挖过程中,及时逐级完成坡面排水系统,施工过程应确保临时排水通畅;截水沟迎水面沟顶高程应严格控制,确保水流入截水沟。

2 路基施工期间,应经常维护临时排水措施,保证施工范围内以及取土场排水的畅通。当出现地表径流时应采取措施引导水流排向并进行加固。

3 在填筑路堤前,应在填方坡脚以外挖掘排水沟,将水流引至附近桥涵处或预留的桥涵缺口处,保持场地不积水。在斜坡地带修筑路堤,应开挖截水沟,以免冲刷路堤。

4 路基填筑前应按要求做好临时排水设施,包括路拱横坡、拦水土埂、临时急流槽(砂浆抹面)等,损坏后应及时修复。

5 施工过程中,预先做好排水边沟,引导水流从急流槽流下或引导至排水管涵,避免雨水冲刷边坡。对尚未完成防护的边坡,雨天应对坡面进行遮盖。

6 路基施工应做好临时排水总体设计和施工,临时排水应与永久性排水设施相结合,与自然排水系统相协调。

7 路基填筑应按要求做好临时排水设施,包括路拱横坡、拦水埂、临时急流槽等,损坏后应及时修复,以免造成路基积水、边坡冲刷。

8 石质路床有裂隙水时,应设置渗沟连通;渗沟底应略低于坑洼底,并与边沟衔接;渗沟沟底高程低于边沟沟底则应在路肩下设纵向渗沟,沟底应低于深坑洼底,渗沟应由填方路段引出。

9 截水沟、排水沟等排水设施侧壁回填土应夯实并做好防渗处理,迎水面沟顶高程应严格控制,防止水流直接渗入沟底。

B.9 附属及防护工程尺寸不合格

B.9.1 主要原因分析

1 格梁、骨架嵌入深度不足。
2 防护基槽开挖深度不足。
3 模板安装不规范。
4 砂浆坐浆厚度不足。
5 预制块厚度不足。

B.9.2 防治措施

1 基坑、基槽开挖前应进行放样,开挖后应经监理工程师验收,应留影像资料。

2 现浇混凝土骨架应分段施工,骨架基槽从上往下开挖,不得欠挖,若超挖应用同级混凝土回填,不得有松土留在基槽内。

3 推荐使用高边坡刻槽机进行基槽开挖。

4 防护工程小型预制构件宜集中工厂化预制,可采用全自动生产线;应使用不易变形的模具。

5 支挡工程基础应分段开挖、分段作业,跳槽进行;每段基坑应经监理工程师检查尺寸、高程等指标,符合设计要求后方可进行后续施工。

6 基坑基底平面位置、断面尺寸、基底高程等应满足设计要求,经监理工程师验收合格后,方可进行下道工序施工。

7 浆砌片(块)石挡土墙砌筑时应挂线,内、外坡面线应顺适整齐,逐层收坡,在砌筑过程中应经常复核线形,以保证砌体结构尺寸符合设计要求。

8 排水沟、边沟、截水沟的测量放样应适当加密,挂线施工;确保开挖深度,沟底平整,沟体线性顺直、圆滑。开挖后监理工程师应对沟槽尺寸等进行验收,验收合格后方可进行下道工序。

9 预制块、砌体工程应采用破检法检测铺砌厚度,现浇水沟宜采用钻芯法检测沟底浇筑厚度。

B.10 排水及防护工程开裂

B.10.1 主要原因分析
1 路基不均匀沉降。
2 混凝土养护不及时。
3 未预留沉降缝,或缝的位置不在同一平面上。

B.10.2 防治措施
1 挡墙等支挡工程施工前做好地基承载力验收。
2 混凝土拆模后及时进行覆盖养生。
3 排水及防护工程按设计及规范要求预留沉降缝,应做到缝宽一致、整齐垂直、上下贯通,特别是上下级防护工程沉降缝位置一致。

B.11 锥坡开裂及失稳

B.11.1 主要原因分析
1 锥坡压实度不足。
2 排水不畅。
3 坡面防护砂浆不饱满,防护与坡面未紧贴。

B.11.2 防治措施
1 桥台背和锥坡的回填施工宜同步进行。
2 锥坡填土应夯实。
3 坡面防护泄水孔数量、位置及排水坡度应符合实际需求,泄水孔应穿透砌体,背后应设置反滤层,监理工程师应经常抽检泄水孔排水是否通畅。

4　坡面防护施工前,应对坡面进行修整,清除边坡上不密实的松土,夯实坡面。

5　坡面防护砌体应坐浆饱满,坡面防护与坡面紧贴。

B.12　锚固防护失效

B.12.1　主要原因分析

1　清孔不彻底。

2　锚索锚固端与自由段未按设计要求施工。

3　锚杆(索)张拉应力不足。

4　锚索未进行防锈处理。

5　注浆不饱满。

B.12.2　防治措施

1　及时进行清孔,塌孔后重新补钻。

2　钢绞线沿锚索体轴线方向按设计要求设置架线环,锚索体保护层厚度不得小于设计要求,安装锚索体前应认真核对锚孔编号。

3　锚杆施工前应按设计要求进行抗拉拔力验证试验;锚索施工前应按设计要求进行锚索的锚固性能试验,确定施工工艺。

4　砂浆应随拌随用,放置超过初凝时间的砂浆不得使用。

5　注浆完成后,应及时对锚固端按设计要求进行封闭保护或防腐处理。

B.13　路基监测数据失真

B.13.1　主要原因分析

1　监测人员不专业。

2　监管不到位。

B.13.2　防治措施

1　对于高边坡、软土地基处理、高路堤,建设单位应委托有资质的第三方监测单位对路基进行监测。

2　由建设单位牵头制订《路基监测管理办法》,成立联合监控小组,明确各方(建设、施工、监理、设计、监测单位)管理职责和要求。

3　施工单位应有专门人员对监测资料进行日常管理,确保监测资料完整。建设单位应组织监理单位、第三方监测单位不定期对施工单位监测资料进行检查。

4　鼓励采用自动化监测和预警新技术。

B.14 高液限土成型路基碾压破坏

B.14.1 主要原因分析

1 含水率偏大。
2 碾压完成的路基面被运输车辆或其他施工机械直接碾压造成破坏。

B.14.2 防治措施

1 高液限土作为路堤填料直接填筑时,压实含水率差应控制在 -2%~4% 范围以内,最大粒径不大于 10cm。

2 路基填土施工应采用倒卸法上土,禁止运输车及其他施工机械在已完成层面上直接碾压。

3 施工现场应配置圆盘耙、旋耕机、铧式犁等翻晒机械设备,做好高液限土翻晒工作,有效降低含水率,已经摊铺的填料应在当日内碾压密实。

4 高液限土路基施工可沿红线外修筑一条刚度较大的便道,防止施工过程中车辆行驶破坏已完成的路基,也便于雨后恢复施工。